図解 火の神と精霊

FILES No.013

山北 篤 著

新紀元社

はじめに

火。

それは、人類に与えられた最大の恩恵である。

火は、真夜中に光を、冬に暖かさを与えてくれると共に、食べ物を柔らかくし、恐ろしい獣を追い払ってくれる。人は、火を手に入れることで、獣から自立した人間へと変化することができた。

だが、火は人類を脅かす最大の脅威でもある。

それは、山火事や家火事として人々を焼き殺し、その生活基盤を奪う。火によって、直接的に焼き殺され、もしくは生きていけなくなって間接的に殺された人間の数は、数え切れない。

それだけの力を持っている火に、人類は感謝と恐れの、二律背反する思いを抱いてきた。

これは、火の神や精霊たちの姿にも、反映されている。火の神は、激しく強く、我々に大きな恩恵を与えてくれる力であるとともに、我々を脅かす荒ぶる力でもあるのだ。

この二面性を持つ火の神秘を、1冊の本に表現できればと思い、この本は書かれている。

また、火の獲得神話も多彩だ。世界のどんな地域に行っても、そこの人々がいかにして火を手に入れたかを語る神話を持っている。それだけ、火を手に入れることは、人類にとって死活的に重要であったのだ。

さらに、太陽というもの、これも人類に無くてはならないものだ。神話的には、太陽は最も大きな火か、さもなければ輝く光として扱われていることが多い。このため、この本では、太陽も偉大な火の実例として取り上げたし、その関係で光の神についても一部だが扱っている。

これらを1冊の本で見られるようにと考えて、この本を書いている。面白く読んでもらえれば、それが一番だ。

山北篤

目次

第1章　火の精霊と火の神　7

- No.001 伝説のサラマンダー ― 8
- No.002 精霊としてのサラマンダー 10
- No.003 イフリート ― 12
- No.004 火の精霊はどうしていない 14
- No.005 アータル ― 16
- No.006 ドラゴン ― 18
- No.007 フェニックス ― 20
- No.008 朱雀と鳳凰 ― 22
- No.009 畢方と鴟 ― 24
- No.010 人魂・鬼火 ― 26
- No.011 火車 ― 28
- No.012 火鼠と火浣布 ― 30
- No.013 魃 ― 32
- No.014 アポロン ― 34
- No.015 ブリギット ― 36
- No.016 バルドル ― 38
- No.017 スヴァログとダージボグとスヴァロジチ 40
- No.018 迦具土 ― 42
- No.019 天照大神 ― 44
- No.020 アグニ ― 46
- No.021 ミスラ ― 48
- No.022 ケツアルコアトル ― 50
- No.023 インティ ― 52
- No.024 ヘリオス ― 54
- No.025 アメン・ラー ― 56
- No.026 アトン（アテン） ― 58
- No.027 スルト ― 60
- No.028 ゾロアスター教 ― 62
- No.029 アモン ― 64
- No.030 ミカエル ― 66
- No.031 ペレ ― 68
- No.032 ヘパイストス ― 70
- No.033 ヘスティア ― 72
- No.034 キュクロプス ― 74
- No.035 ヘルハウンドとケルベロス 76
- No.036 プロメテウス ― 78
- No.037 祝融 ― 80
- No.038 竈神（中国） ― 82
- No.039 竈神（日本） ― 84
- No.040 大日如来 ― 86
- No.041 不動明王 ― 88
- No.042 愛染明王 ― 90
- No.043 八百屋お七 ― 92
- No.044 ガンダルフの魔法 ― 94
- No.045 バルログ ― 96
- No.046 クトゥグァ ― 98
- No.047 火の鳥 ― 100
- No.048 ハウルと火の悪魔 ― 102
- コラム 火を使う言葉 ― 104

第2章　火の起こり　105

- No.049 火の発見 ― 106
- No.050 四大元素 ― 108
- No.051 万物は火なり ― 110
- No.052 五行 ― 112
- No.053 五大 ― 114
- No.054 火と科学 ― 116
- No.055 ファイアーボール ― 118
- No.056 ゲームの火の精霊 ― 120
- No.057 火の起源（南米） ― 122
- No.058 火の起源（北米） ― 124
- No.059 火の起源（中米） ― 126
- No.060 火の起源（北アジア） ― 128
- No.061 火の起源（東アジア） ― 130
- No.062 火の起源（東南アジア） ― 132

目次

No.063	火の起源（インド）	134
No.064	火の起源（メラネシア）	136
No.065	火の起源（ミクロネシア）	138
No.066	火の起源（ニュージーランド）	140
No.067	火の起源（オーストラリア）	142
No.068	火の起源（アフリカ）	144
No.069	火の起源（フランス）	146
コラム	正しく怖がろう	148

第3章　火の物語　149

No.070	不知火	150
No.071	狐火	152
No.072	セント・エルモの火	154
No.073	女髪の火	156
No.074	人体発火現象	158
No.075	ヘロンとアテナ神殿	160
No.076	聖火	162
No.077	護摩	164
No.078	精霊流し	166
No.079	送り火	168
No.080	火渡り	170
No.081	探湯	172
No.082	火伏	174
No.083	愛宕神社	176
No.084	振袖火事	178
No.085	ローマ大火	180
No.086	ロンドン大火	182
No.087	世界を滅ぼす火事	184
No.088	八熱地獄	186
No.089	火焔山	188
No.090	天使は火から、人は土から	190
No.091	寿命と蝋燭	192
No.092	稲むらの火	194
No.093	百物語	196
No.094	『牡丹灯籠』	198
No.095	『炎の天使』	200
No.096	『マッチ売りの少女』	202
No.097	火の国	204
No.098	太陽の脛当て	206
No.099	ダーグダの大釜	208
No.100	栄光の手	210
No.101	魔法のランプ	212
No.102	花火	214
No.103	ロケット	216

| 索引 | 218 |
| 参考文献 | 222 |

第1章
火の精霊と火の神

No.001
伝説のサラマンダー
Salamander of legend

火の精霊の代表がサラマンダーである。けれど、サラマンダーとはいったい何物なのか。その意外な素顔を紹介しよう。

●サンショウウオが伝説の生き物となるまで

　自然科学において、サンショウウオのことをサラマンダーという。ヨーロッパには、伝説の元となったファイアー・サラマンダーという種が存在する。

　どうして、両生類であって、火とは関係なさそうなサラマンダーが火の精霊と呼ばれるようになったのか。その原因は、二つほど考えられる。

　一つは、ファイアー・サラマンダーは変温動物であり、しかも表皮は湿っているので、触ると冷たい。この冷たさのために、火を寄せ付けずに生きていくことができるのだと考えられたことだ。

　もう一つは、ファイアー・サラマンダーが体液が多く、火事になってもすぐには焼け死なず、後になってからのこのこと炎の中から姿を見せるところから、炎の中でも平気な生き物と考えられたからだ。

　こうして、サラマンダーは、火をものともしない伝説の生き物となった。

　伝説のサラマンダーは炎の中に棲むと言われた小さなトカゲである。通常は火山の火口の中や溶岩の中に棲んでいるが、高熱の炎があればその中に出現することもある。炎によって傷つくことは無く、それどころか炎の中にいたほうが元気になる（炎の中に棲まなければ死ぬという説もある）。炎はサラマンダーにとって餌であり、またサラマンダーの身体からは炎が発する。

　このようなサラマンダーの皮は、どんな炎にも耐え、また熱を通さない。このため、サラマンダーの皮が汚れたならば、そのまま炎の中に放り込んで、汚れを燃やしてしまうのが一番とされる。

　ただし、そのようなすばらしい皮を手に入れるためには、サラマンダーを捕らえなければならない。だが、炎の中にいるトカゲをどうやって捕まえればよいのか。そのためには、サラマンダーの皮で作った手袋があればよいという。では、最初のサラマンダーの皮をどうやって手に入れるのか。伝承は答えてくれない。

現実と幻想

No.001

第1章●火の精霊と火の神

サラマンダー
＝
サンショウウオ

現実のサラマンダー

ファイアー・サラマンダー

ヨーロッパ原産の両生類。黒地に黄色の模様があり、全長20cmくらい。これが、伝説の元となった。

モール・サラマンダー

サラマンダーの仲間。クトゥルフ神話に登場する「深きもの」の外見は、魚だけでなくこのような生き物からもヒントを得て作られたのかもしれない。

伝説のサラマンダー

現実のサラマンダーたちから想像された、伝説の生き物。
- 火山の火口の中などに棲む。
- 炎によって傷つくことは無い。
- 餌は炎。
- 身体から炎を発する。

関連項目
●精霊としてのサラマンダー→No.002　　●火の精霊はどうしていない→No.004

No.002
精霊としてのサラマンダー
Salamander as elemental

火の精霊サラマンダー、それはいったいいつどうして生まれたのか。
大変珍しいことに、これが明確に判っている。

●作られた精霊

　中世までのサラマンダーは、伝説の火トカゲであって、精霊とは特に関係が無かった。中世期には、サラマンダーの皮で作ったとされる布が実在した。だが、それは石綿（アスベスト）だったと言われる。

　では、いったいいつサラマンダーが火の精霊となったのか。それは、パラケルススによってである。

　パラケルスス（1493 - 1541）は、16世紀に生きた医師・錬金術師・化学者だ。本名は、テオフラストス・フィリップス・アウレオールス・ボンバスタス・フォン・ホーエンハイムと言い、パラケルススとは、古代ローマの有名な医師ケルススを超える（パラ）ことから、こう呼ばれた。

　このパラケルススは、アリストテレスの四元論（四元論の本当の発案者はエンペドクレスだが、パラケルススはこう誤解していたようだ）を再発見した。そして、自著『妖精の書』の中で、それぞれの元素に精霊がいると主張した。そして、その中の火の精霊に、サラマンダーと名前をつけたのだ。

　さらに、賢者の石を作るためには、サラマンダーが踊っている炎に材料をくべる必要があると主張した。

　ある意味、サラマンダーが火の精霊になったのは、最近のことなのだ（神話伝説という分野では、数百年は最近のことだ）。

　ただし、パラケルススのサラマンダーは、サンショウウオの姿をした、火トカゲであって、人の姿はしていない。

　後になると、サラマンダーは人（特に女性）の姿の火の精霊で、人間と婚姻して子孫を残すことすらできるとされた。イギリスの詩人ポープの『髪の毛の略奪』では、情熱的な女性は死後サラマンダーになると詠われている。

　その後、男性のサラマンダーも登場し、現在の小説やゲームなどに登場するような真っ赤な男性像が生まれた。

変化するサラマンダー

人間型のサラマンダー

近代に生まれた人間型のサラマンダー。近代魔術の世界では（例えばアレイスター・クロウリーの著書など）、こちらのサラマンダーが主流となっている。

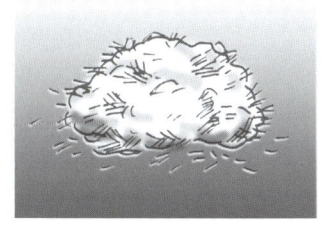

サラマンダーの皮

石綿は石英の繊維で、火にかけても燃えないなど、サラマンダーの皮の条件を満たしている。この石綿、古代エジプトではミイラを包む包帯にも使われたという。現在では、中皮種の原因として、使用は禁止されている。

❖ ゲリマンダー

19世紀初頭のアメリカ、マサチューセッツ州知事ゲリーが、自分の党の選挙に有利になるように、奇妙な形に選挙区を分割した。これによって、ゲリーの党は勝利したが、このことを揶揄して（選挙区の形がトカゲに似ていたため）、「ゲリーのサラマンダー」略してゲリマンダーと呼ぶようになった。現在でも、同様の意図で奇妙な選挙区割りを行うことを、○○マンダーと呼ぶ。日本でも、ハトマンダー（鳩山内閣）とかカクマンダー（田中内閣）とかがあるが、いずれも批判を浴びて区割りに失敗している。

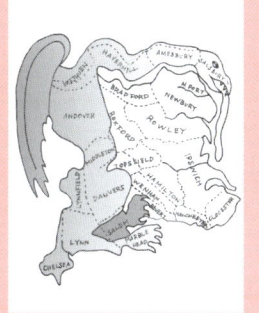

関連項目

- 伝説のサラマンダー→No.001
- 火の精霊はどうしていない→No.004
- 四大元素→No.050

No.003
イフリート

Efreet

イフリートは、アラブの幻獣の中で最高の知名度を誇る。だが、それが何物なのか、知る人は意外にも少ない。

●火から作られた生き物

　アラビアにも、やはり地水火風それぞれに対応した精霊（ジン）が存在するという。彼らは全て人型で、人間と結婚することすらできるし、信仰も持てる。ゲームなどでは、このジンが地水火風に分類されていて、ジンは風の精霊で、イフリートは炎の精霊とされることが多いようだ。

　だが、実際にはこれらは階級の違いである。ただ、階級としてのジンのほかに、総称としてジンと呼ばれることもある。ちなみに、「アラジンと魔法のランプ」では、ランプの魔神はイフリートで、指輪の精はジンだとされる。

　元々は、アラブ世界の民衆に信じられていた一種の魔物なのだが、『コーラン』に取り上げられたために、イスラム教内においてもきちんと位置づけされなければならないものとなった。それによると、ジンは人間よりも古く、アラーがアダムを創造するより2000年も前に「煙無き火」から作られた。しかも、知力体力魔力ともに人間より優れている。

　ジンは、火から作られたゆえ、身体は蒸気や炎、煙などでできており、血管には血ではなく炎が流れている。そして、死ぬとそのまま燃えつきて一塊の灰になってしまう。人間は、土で作られたために土に返るが、ジンは火で作られたために火に返るのである。

　人間を作ったとき、アラーはジンたちに人間に仕えるように命じた。だが、イブリースというジンが、「火から作られた我々が、どうして土から作られた輩に仕えねばならないのか」と反抗した。そして、人間を堕落させてやるといきまいた。彼こそ、イスラムのルシファーである。

　アラーは、イブリースの行為をそのまま許した。なぜならば、真の信仰を持つものならば、イブリースの誘惑に乗るはずが無いからだ。

　だが、最後の審判のときには、イブリースは彼の誘惑に乗った人間ともども、地獄に落ちることになる。

アラブの精霊たち

イフリート

アラブ世界で信じられている精霊（ジン）の、上から2番目の階級。翼を持つという。

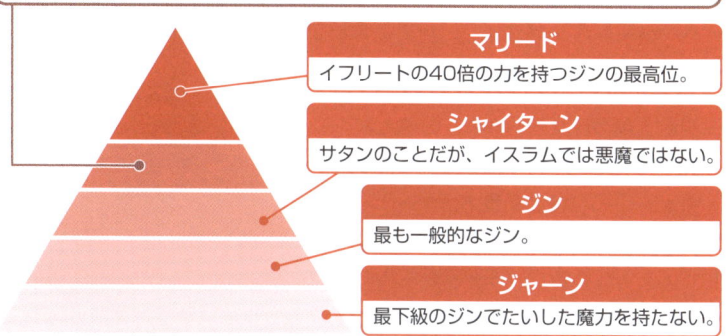

マリード
イフリートの40倍の力を持つジンの最高位。

シャイターン
サタンのことだが、イスラムでは悪魔ではない。

ジン
最も一般的なジン。

ジャーン
最下級のジンでたいした魔力を持たない。

　ジンたちにも階級がある。そして、その下から2番目の階級もジンという。このため、ジンといった場合、総称としてのジンなのか、その中の1階級のジンなのか、区別しなければならない。
　ところが、文献を読んでも、著者自身が明確な区別ができていない場合すらあり、読み取るのが困難である。

❖ イスラム教とジン

　イスラム教徒はジンの存在を信じる。なぜならば、『コーラン』にはジンについて書かれた部分があるからだ。
　といっても、イスラム教徒が迷信深いというわけではない。
　キリスト教徒は、デビルの存在を信じる。なぜならば、聖書にデビルについて書かれているからだ。つまり、イスラム教徒が迷信深いというのなら、キリスト教徒も迷信深いし、我々日本人など800万もの神やら何やらを信じるものすごく迷信深い人々と言わなければならない。
　ちなみに、ジンの中にもイスラム教徒はいて、彼らは善良なジンとされる。もちろん、異教徒のジンは邪悪なジンである。

関連項目
●天使は火から、人は土から→No.090　　●魔法のランプ→No.101

No.004
火の精霊はどうしていない

Where are fire elementals?

火の精霊と言うと、皆さんは何を知っているだろうか。サラマンダー？ イフリート？ 他には？ 出てこないのではないかな。

●意外に新しい火の精霊

　地水火風の四大（しだい）という考え方があるくらいだから、それぞれのエレメントには、それぞれを表す精霊がいるだろうと皆考えるだろう。

　確かに、火の精霊**サラマンダー**というものがいる。

　だが、実は四大精霊という考え方は、大変新しいのだ。確かに**四大元素**という考え方は、古代ギリシャからあるとても古いものだ。だが、四大精霊という考え方は、16世紀の医化学者パラケルスス（彼は錬金術師でもあった）が唱えたもので、その意味では結構新しい。それ以前は、精霊や妖精を四大で分類するということは、そもそもありえなかった。

　昔からいる精霊とは、それぞれの地方の土着の精霊たちばかりだった。そして、土着の精霊は、その土地の精霊になるのは当然だ。そして、それら精霊を四大で分類するなら、それは大地の精霊（山や岩や畑などの精霊）や水の精霊（川や湖や海などの精霊）ばかりになるのも当然だろう。

　よって、パラケルススが四大精霊という考えを打ち出したとき、そこに存在するのは、大地の精霊と水の精霊ばかりで、火の精霊や風の精霊などはほとんど存在しないという偏った状態になってしまった。かといって、16世紀にもなって、新しい精霊や妖精を創作するのも、今更な感じがするだろう。

　そういうわけで、火の精霊というものは、ほとんど存在しない。このため、色々な創作ファンタジーを見ても、火の精霊と言えば、サラマンダーか**フェニックス**、ちょっとアラビア風にして**イフリート**くらいで、それ以外の火の精霊を登場させている作品はほとんど無いと言っていいだろう。

　実は、作家たちも、これには困っていると思うのだが、実際にいないのだから仕方が無い。西洋風ファンタジーでも、火の精霊の名前に困ったからだろう、本来アラブの精霊のはずのイフリートを知らん顔をして西洋風精霊として登場させてしまっている作品も多いのだ。

新しい精霊と古い精霊

パラケルススによって四大精霊という考え方が打ち出された。全ての精霊を、地水火風の四大に分類するものだ。だが、その分布には、大きな偏りがある。

```
                    鳥の精霊
                    エアリアル
                    シルフ

                      風
   ウンディーネ      水   火
   魚などの精霊                     サラマンダー
   各地の湖・湾・川など    地
     にいる土着の精霊

                    ノーム
                    ゴブリン
                    コボルト
                   動物の精霊
        各地の荒野・山・森などにいる土着の精霊
```

古来からいる精霊

- 祖 霊
- 土地・地形の精霊
- 木・森の精霊
- 生き物の精霊

関連項目
- ●伝説のサラマンダー→No.001
- ●精霊としてのサラマンダー→No.002
- ●イフリート→No.003
- ●フェニックス→No.007
- ●四大元素→No.050

No.005
アータル

Atar

ゾロアスター教において、最も重視される火の精霊は、アフラ・マズダーの息子でもある。

●ゾロアスター教の火の精霊

ゾロアスター教は、別名拝火教とも言うくらいで、火は至高神アフラ・マズダーが人々に授けた真理の象徴であるとされる。そして、火の作りだす光こそが、邪悪なる闇と戦うアシャ（真理と公正）である。

そして、その表れとして、天空の火アータルがいる。アータルは、火の精霊であり、大変聖なるものとされる。よって、数多い天使や精霊の中でも、善なる最強の神とされる。

ちなみに、アータルとは種族名ではなく、1人の火の精霊の名前である。しかも、アータルは、至高神アフラ・マズダーの息子でもある。

アータルの活躍として知られているのが、地上の王座を奪った邪悪なる三頭竜アジ・ダカーハとの戦いだ。アジ・ダカーハは、アンラ・マンユの配下の1人アエーシュマの部下である。

アジ・ダカーハによって、地上は「欠乏と貧困、飢えと渇き、老いと死、悲しみと嘆き、灼熱と酷寒、そして悪魔と人間の混交」に満ちたところとなった。

アータルは、竜に勝利して、竜を「大洋の底」に沈めたか、さもなければ高い山に繋いだかした。だが、予言によると、アジ・ダカーハは世界の終わりに逃げ出して、人類の3分の1を殺戮することになっている。

アータルは、火の連想から、稲妻の精霊でもあるとされる。そのため雨を司る神でもあり、旱魃をもたらした悪魔を退治したこともある。

火は、アータルの象徴であり、決して絶やしてはならず、また汚してもならない。実際、イランやインドのゾロアスター教寺院には、1000年以上前に点火され、いまだに燃え続けている炎が存在する。それどころか、いくつかの寺院の火は、ゾロアスターが自ら灯した火の末裔なのだという。

ゾロアスター教の神々

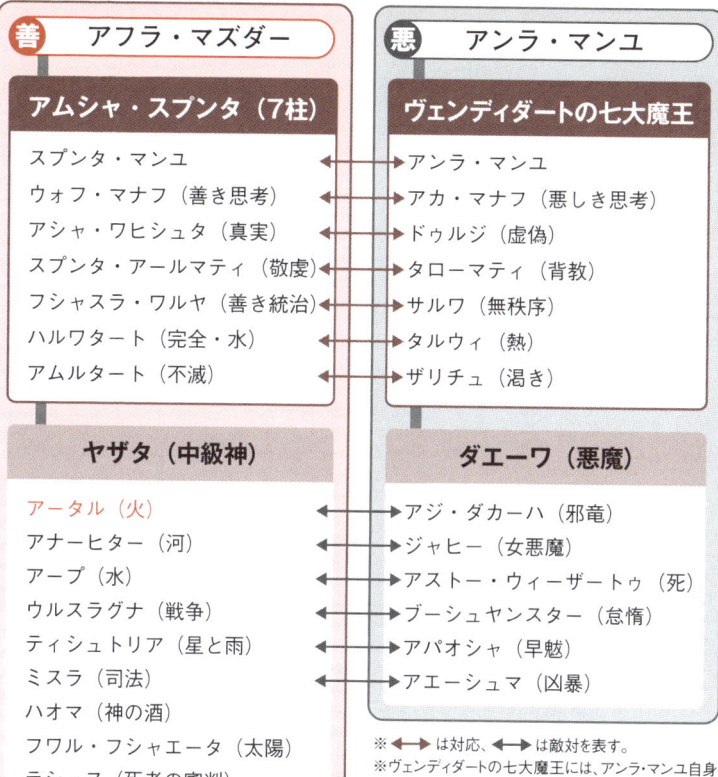

アグニ ＝ アータル？

インド神話のアグニは、このアータルがインドに導入されてきた神ではないかという説もある。ただ、火の神というのは、世界中の神話で独立に発生しているので、必ずしも確実な説というわけではない。

関連項目
●ゾロアスター教→No.028

No.006
ドラゴン

Dragon

火を吐く怪物の代表と言えば、ドラゴンだ。だが、ドラゴンはいつから火を吐くようになったのか。

●蛇からドラゴンへ

　ドラゴンとは何か。元々は蛇の怪物だった。ドラゴンという名詞の元となったギリシャ語のドラコは、蛇という意味があったという。つまり、ドラゴンは元々は、火とはあまり関係のない生き物だ。

　現代ファンタジーなどでは、地水火風のドラゴンがいることになっているものが結構多い。だが、なんとその起源はゲームである。神話伝承に登場するドラゴンに、そんなものはない。悪役か善玉かは別として、一つの神話に1～2体しか登場しないから、地水火風なんてありえない。これらはゲームにおいて、登場する怪物の種類を増やすために、四大それぞれのドラゴンがいることにして数を水増ししたのが、そもそもの始まりだった。

　そして、ゲームの影響から、小説や映画なども影響を受けて、地水火風のドラゴンというものが登場するようになった。

　では、神話のドラゴンはどんな生き物だったか。ドラゴンは蛇なので、本来は大地もしくは水に関係した怪物だ（大地の蛇とか水の蛇、海蛇という神話はあっても、火の蛇という神話はない）。

　そんなドラゴンが炎と結び付けられて考えられるようになったのは、ドラゴンが火を吐くという伝承が現れたからだ。

　では、どうして火などを吐くようになったのか。それは毒蛇のイメージが強化されたことによる。

　人々にとって毒蛇は、非常に恐ろしいものだった。ほんのわずかな傷口を残しただけで、人を死に到らしめる。このイメージが強化され、ほんのわずかな傷口というところから、色々な変化が起こった。

　傷口どころか、一目見ただけで死ぬという風に変化したものが、バジリスクだ。それに対し、ドラゴンは毒を吐いて殺すという風に変化した。これが、さらに何かを吐くという風になり、火を吐くドラゴンができ上がった。

ドラゴン系統樹

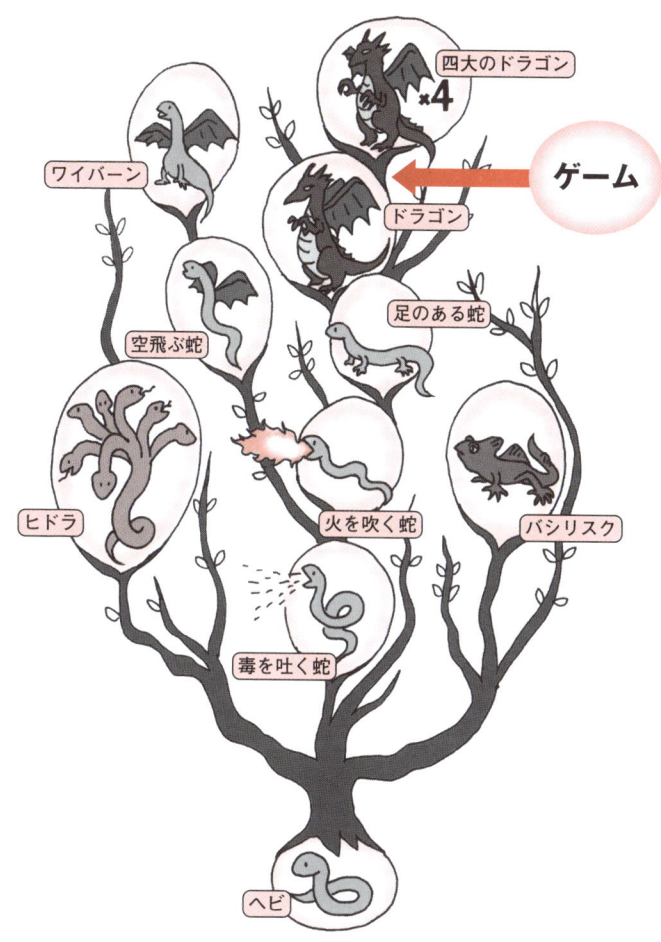

　ドラゴンは、蛇からより強いものを想像して作られた怪物だ。同様に、頭の数を増やすことで強化したヒドラや、毒液ではなく視線そのものに毒があるようになったバシリスクなども、近縁の怪物である。
　いつの間にやら、真っ赤な色で、業火を吐くファイアードラゴンこそが、最も一般的なものになってしまったが、その出典がテーブルトークRPGだったなんてことを知っている人は、少ないだろう。

No.007
フェニックス

Phoenix

古代ギリシャの時代から、フェニックスは、永遠の命と再生の象徴だった。フェニックスを求める者がなくなることは無い。

●出自の定かでない伝説の鳥

　フェニックス。不死鳥と呼ばれるこの鳥は、その名の通り永遠に生き続けることで有名だ。ギリシャ神話によれば、アラビア半島に棲むと言われているが、アラブにはその伝承が残されていない。

　永遠に生き続けるといっても、全く変わらない姿で永遠を生きるのではない。フェニックスも、雛から成鳥になり、やがて年老いる。こうなるまでに500年かかると言うから長命だが、このままでは不死とは言えないだろう。

　だが、フェニックスは、自分の老いを自覚すると、自ら香木を集めて火をつけ、炎の中に身を投じる。炎の中で身を焼くことで、溜まった老いを捨て去り、再び雛へと姿を変えるのだ。こうして、無限のサイクルを続けることで、フェニックスは無限に生き続けることができる。

　このようなフェニックスなので、その身体は不死の力に満ちている。不死鳥を食べれば、不老不死（もしくは不老長寿）を約束されると言われ、世の権力者は、フェニックスを探し求めた。3世紀のローマ皇帝ヘリオガバリスは、ついにフェニックスの肉を手に入れて食べたと伝えられる。ただし、本当はゴクラクチョウの肉だったらしく、ヘリオガバリスが永遠に生きたという話は聞かない。

　また、その燃え残った灰にすら、人間を蘇らせる力があるとされ、死者にもう一度会いたいと考える人々が世界中を探した。

　死して再生するというイメージから、キリストの復活の象徴とされ、キリスト教会では、様々な建物や品物にフェニックスの図が描かれている。

　『歴史』を書いたヘロドトスによれば、フェニックスの姿は、赤と金の羽毛で覆われた鷲のような姿と大きさの鳥だ。プリニウスの『博物誌』では、頸の周りに金色の羽毛があり、その他は赤く、喉にはふさが、頭には羽毛のとさかがあると書かれている。

フェニックスの一生

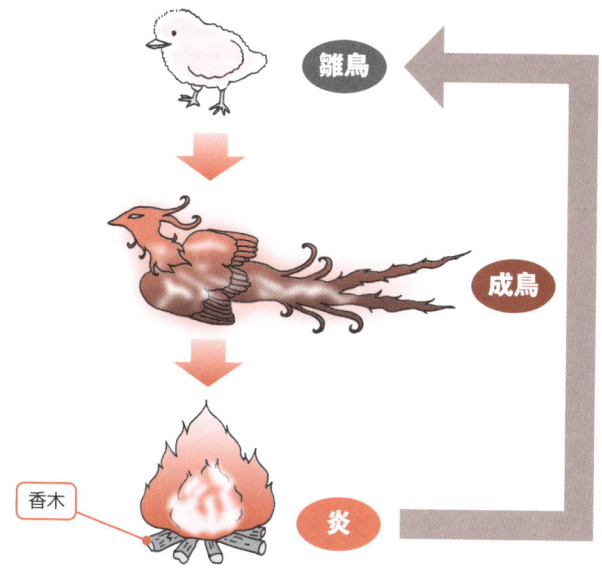

フェニックスは、炎の中から雛鳥として誕生するので、不死鳥の卵は、伝説の中でも登場することは無い。しかし、不死鳥も鳥なのだから、その卵があっても、不思議ではない。

❖ フェニックスという名前

　フェニックスは、何度でも蘇るという大変縁起の良い生き物なので、色々な団体や品物に、フェニックスの名前が利用されている。世界中にフェニックスの名を持った企業がいくつあるか、想像もつかない。日本にも、フェニックスと名乗る企業はいくつもある。

　アメリカのアリゾナ州には、そのものずばりフェニックスという名の都市がある。

　日本のプロ野球では、宮崎県で行われる二軍の教育リーグをフェニックスリーグと呼ぶ。

　最近流行のブラウザFireFoxも、開発時にはPhoenixと呼ばれていたが、他に同名のソフトウェアがあるとのことで、改名された。

No.008
朱雀と鳳凰

朱雀も鳳凰も中国の南方を守護する聖なる鳥だが、なぜか二つの呼び名で呼ばれている。

●紛らわしい二つの聖鳥

　中国の**五行**思想において、東西南北を守護する聖なる生き物がいる。これらを四神もしくは四獣という。中央を加えて五獣とすることもある。

　その中で、南の方角を守護するという聖なる鳥、それが朱雀だ。

　かつては、平安京や平城京の朱雀門や朱雀大路（大内裏の南の門と、そこから伸びる道だから、このような名前が付けられたのだ）といった名前でしか知られていなかった。だが現在では、風水ブームや、それに影響を受けたコミックに登場することで、人々に知られるようになった。

　だが、その姿をはっきりと知る者はいない。真っ赤な鳥で鳳凰に似ているとされるだけだ。

　実は、本来の四神は朱雀ではなく鳳凰で、それがいつの間にか出自のはっきりしない朱雀に入れ替わっていた。だから、朱雀がどのような鳥かは、明確ではないのだ。

　それに比べると、鳳凰はもう少しはっきりした情報が判る。

　一見ニワトリに似ていて、五采（青白赤黒黄）の羽がある。また、首・翼・背・胸・腹には、それぞれ「徳」「義」「礼」「仁」「信」の五つの文字が浮き出ているという。

　鳳凰は、鳳がオスで、凰がメスとされ、つがいで歌い、そして優雅に舞うのだという。

　滅多に見ることはできないが、皇帝が徳高く天下泰平であるならば、自ら現れてくれる。中国では漢の時代には、しばしば姿を見ることができたというが、その後は見たものはいない。

　鳳凰は、竹の実だけを食べ、梧桐という中国南部原産の木だけに巣を作ると言われる。おそらく、中国南部にだけ棲んでいたのだろう。ただし、仙境には棲んでいたと言われるので、仙境になら梧桐の木もあるのだろう。

朱雀の姿

朱雀 ＝ 南の方角を守護する四神

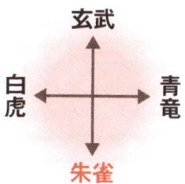

真っ赤な鳥で鳳凰に似ているとされる以外、その姿をはっきりと知る者はいない。

↓

本来の四神だった鳳凰が、いつの間にか入れ替わっていた。

鳳凰の姿

一万円札の鳳凰

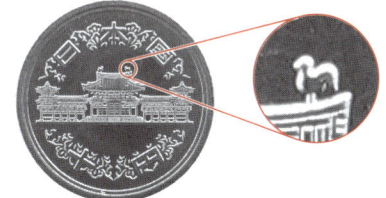
十円硬貨に描かれた鳳凰堂と鳳凰

鳳凰の特徴

- 一見ニワトリに似ている。
- 五采（青白赤黒黄）の羽がある。
- 首・翼・背・胸・腹に文字が浮き出ている。
- 鳳がオスで、凰がメス。
- つがいで歌い、優雅に舞う。
- 天下泰平であるならば、自ら現れる。

鳳凰は、大変めでたい鳥とされており、平等院鳳凰堂をはじめ様々な寺院の装飾に使われている。何より我々が毎日使っている一万円札に、平等院鳳凰堂の屋根の絵が使われているが、意外と気付いている人は少ないのではないだろうか。

関連項目
- 五行→No.052

No.009
畢方と䴅

火の鳥といっても、常に吉兆とは限らない。災厄としての火の鳥も存在する。また、その災厄を防ぐのも、火の鳥である。

●火を起こす鳥と防ぐ鳥

　中国の伝説にある畢方という鳥は、西の果て崑崙よりも遥か西にある章莪之山に棲む。

　鶴に似ているが、全身は青く赤いまだら模様。くちばしは白くて、足は1本しかない（羽も1枚しかないという伝もある）。その鳴声が「ヒッポー」と聞こえるので畢方と名づけられる。通常の食べ物は食べず、常に火をくちばしに咥えている。別伝によれば、南方に棲む人面の鳥だとも言う。

　この畢方は、恐るべき害鳥で、この鳥が現れた都市には、原因不明の大火災が発生すると言われる。そのため、火災のことを「畢方の災」と書くことがある。

　それに対して、防火の役に立つ鳥も存在する。

　䴅という鳥は、やはり西方の符禺之山というところに住んでいる。こちらは、赤いくちばしを持つカワセミに似た鳥だという。この䴅を飼っておくと、火災から逃れることができるのだという。

　このように、火災を防ぐ益獣は、他にもいる。

　やはり西方の翠山には、鸓という鳥がいる。

　この鳥は、頭が二つ、足が4本あり、赤黒くて（首と足の数を除けば）鵲に似ている。

　さらに、北方の帯山には、䑏疏という馬に似た獣がいる。1本の角が生えていて、しかもその角にはめっきがしてあるのだという。

　また、黄河には鰩という魚が住んでいる。魚であるにもかかわらず鵲に似ていて、しかも10枚もの翼を持つ。

　これらの生き物たちも、火災を防いでくれる益獣だという。

中国の火の動物たち

火の害をなす伝説の鳥

畢方（ひっぽう）

- 全身は青く赤いまだら模様
- 口に炎を咥えている
- くちばしは白い
- 足は1本しかない

火から守ってくれる鳥

鴖（みん）
- 赤いくちばしを持つ
- カワセミに似ている

鵹（るい）
- 頭が二つ
- 足が4本

火から守ってくれる益獣

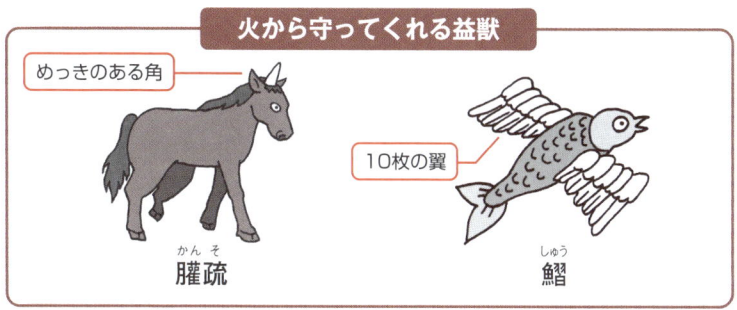

䑠疏（かんそ）
- めっきのある角

鰼（しゅう）
- 10枚の翼

関連項目
- 魃→No.013

No.010
人魂・鬼火

人の魂が肉体を離れ、光を発しながら空中をさまようもの。人魂と鬼火を同一視する場合もあれば、別のものとする場合もある。

●人の魂か、人の死の前兆か

　人魂の形や色は、場所・人によって様々である。形では、球形・楕円形があり、それに尻尾のようなものがついたものもある。また色は、青白・赤・黄色などがある。現れ方にしても、突然前触れも無く現れるもの、ほのかに光り始めてだんだんと明るくなるものなどがある。飛び方も、ふわふわと飛ぶもの、すーっと飛ぶものなど色々だ。

　『万葉集』にも「人魂のさ青なる君がただひとり逢(あ)へりし雨夜(あまよ)の葉非左し思(おも)ほゆ」とあるように、奈良時代から人魂があったことがうかがわれる（「葉非左」の読み方は、判っていない）。この歌の人魂は青いようだ。

　また、鎌倉時代の『とはずがたり』でも、「荒き磯に波のたつやうなる音」とともに、後嵯峨院(ごさが)の人魂が出たという話がある。最初は、スプーンくらいの大きさだったものが、だんだん大きくなり小鉢くらいにまでなった。また、その出た後には、「布海苔(ふのり)といふものをときて、うち散らしたるやうなるものあり」と、なんと人魂が痕跡を残している。当時、人魂の出現は、その人の死の前兆とされ、実際この話の翌年、後嵯峨院は崩御している。だが、この記録で面白いのは、その音と痕跡である。

　人魂の正体は、様々な説がある。プラズマ説、骨などに含まれているリンの自然発火説などであるが、面白いものとして、蚊柱説というものもある。昔、とある昆虫学者が夜間、虫の採集中に人魂を見て、勇気を奮って捕虫網で捕まえてみた。すると、それは、ユスリカのような小さい虫の群れが発光しているものだった。虫に偶然発光バクテリアが付いて、その虫が蚊柱を作ったために人魂に見えたらしい。

　鬼火は、人魂のような尾が無く、地上から1〜2mのところを飛んでいる青い炎だ。「春雨や火の燃出づる野路の塚」という句があるように、小雨程度なら雨でも現れることがある。

人魂と鬼火の違い

人魂

形：球形、楕円形。しっぽのようなものがついたものもある。
色：青白、赤、黄色など。
飛び方：いろいろ。

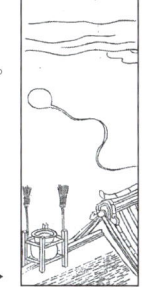

『和漢三才図会』の人魂→

鬼火

形：炎。しっぽはない。
色：青。
飛び方：地上から1〜2mのところを飛ぶ。

『和漢三才図会』の鬼火→

人魂のいろいろ

『万葉集』(奈良時代)の人魂
- 青い人魂を例にした歌が読まれている。

『とはずがたり』(鎌倉時代)の人魂
- 人魂はその人の死の前兆。
- 波のような音とともに人魂が出現した。
- 布海苔をといたような残留物があった。

『今昔画図続百鬼』(江戸時代)の人魂
- 人の魂が死後抜け出たもの。
- しっぽのようなものがついている。

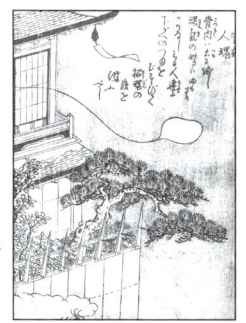

| 人魂の正体 | → | プラズマ | リンの自然発火 | 虫についた発光バクテリア |

No.011
火車(かしゃ)
Fire Chariot

地獄からやってきて、悪事を犯した亡者をさらっていく、燃える火で包まれた車のこと。

●地獄へと人間を送る車

　元々は、仏典に「火車輪」とか「火車炉炭」という名前で登場し、地獄において罪人を責め苛む拷問の道具である。炎が燃えている車輪で、それに罪人を縛り付けて燃やすのだ。それが後の仏典では、死んだ罪人を乗せて地獄へと運ぶ乗り物となった。

　仏教には八大地獄がある。そして、それぞれの大地獄には16の副地獄が付属している。八大地獄中最悪の阿鼻(あび)地獄に付属する副地獄に、火車地獄というのがある。火車で罪人を運んできて、火車で拷問するのだという。『観仏三昧海経』という経典には、その光景が恐ろしく描かれている。

　このような仏典の火車から、煩悩や欲望のために苦しむ状態を表す言葉となり、さらには民間伝承に登場する妖怪としての火車が現れた。江戸時代の妖怪画家鳥山石燕(とりやませきえん)の描く火車は、2本足で立つ猫の姿をしている。

　葬式の列が進んでいるとき、にわかに黒い雲が現れ突風が吹いてきて、人々をなぎ払い、棺桶を飛ばしてしまうことがある。このとき、同行している僧侶が数珠を投げつければ、問題は起こらない。だがそうしないと、再び棺桶を見つけたときには、中の死体は消えてしまっている。後になって、引き裂かれた死体が山の木の天辺や岩の上などで見つかることもある。

　これを「火車につかまれた」と言い、恥ずべき事態とされた。というのは、生前に多くの悪事をした者に対して、地獄の火車が迎えに来たからなのだ。『遠野物語』にも、山にキャシャというものがいて、死人を掘り起こしてはどこかへ運んで行って食うと伝えられている。また、「葬式の際に棺を襲うともいい」と書かれている。このキャシャとは火車のことであろう。

　ちなみに、家計が火の車と言うのも、この火車からきた言葉である。一休禅師に「貧乏な人の世界は火の車質屋米屋の鬼に責められ」という狂歌があるので、既に室町時代には使われていた言葉であることが判る。

火車は火の車にはあらず

仏教の火車

仏典の火車輪は地獄にだけ存在する拷問具だった。

平安時代の火車

平安時代までの火車は、牛頭（ごず）馬頭（めず）が御して、人を地獄に連れて行く、炎に包まれた牛車。

江戸時代の火車

江戸時代に描かれた火車は、炎を背負って立った猫の姿の妖怪。

これらの変化がいつ頃起こったのかは、定かではない。

♣ 中国の火車

　中国語にも、火車という言葉がある。だが、この項目で説明している火車でも、ましてや火の車でもない。
　中国の火車は、蒸気機関車のことだ。確かに、火を焚いて走る車である。

関連項目

●八熱地獄→No.088

No.012
火鼠と火浣布
（かそ）（かかんふ）

西洋にサラマンダーがあれば、東洋には火鼠がいる。どちらも、耐火性のある布を作ることができる点でも共通している。

●劫火に耐える生き物

『列子』によれば、中国の南に巨大な火山がある。差し渡し40里もある広大な地域で、常にそこでは火が燃え続けている。強風が吹いても燃え広がらず、雨が降っても火が消えることは無い。

この大火の真ん中に不尽木（ふじんぼく）という木がある。この木は、火の中にありながら全く焼けることが無い。よって、この木の皮をはいで、火浣布を作る。

火浣布とは、決して燃えない布で、火の中に投じれば、布は無事で、汚れだけが燃えてしまうので、洗濯のために火にくべるという布である。

そして、この木の中に棲むという鼠が火鼠だ。体重200kgを越える大ネズミだとも言われる。

後の時代になると、不尽木に棲む鼠というよりも、火鼠そのものが火の精霊であると見なされるようになった。だから、南方を司る火の神である南方火徳星君（なんぽうかとくせいくん）のペットとして、火馬や火鴉などとともに飼われている。

日本の『竹取物語』において、かぐや姫が求婚者の1人、右大臣阿倍御主人（うだいじんあべのみうし）に求めた宝物「火鼠の裘（ひねずみのかはごろも）」は、この火鼠と火浣布が混同され、火鼠の毛皮が火浣布なのだと考えられるようになったものだ。

竹取物語は、中国チベット地方に伝わる『斑竹姑娘（はんちくくーにゃん）』が元で、そこでも既に火鼠の毛皮が宝物とされているので、この混同は中国から来たようだ。

ちなみに、火浣布とは、石綿のことだと言われる。石綿とは今で言うアスベストである。当時の技術でそんなものを扱っては、多量の石綿繊維を肺に吸い込むことになって、肺ガンの危険が高かっただろう。ただ、そもそも宝物とされたことから判るように、一般に手に入るものではなかった。だから、アスベストを吸い込む人間そのものがほとんどいなかったので、問題視されなかったのだろう。

火に耐える布

不尽木

決して炎で燃えない木。古くは火浣布とは、この木の皮をはいだもの。火鼠はこの木の中に棲む。

火鼠

体重200kgを越える大ネズミ。南方を司る火の神である南方火徳星君のペット。

火浣布

決して燃えない布。火の中に投じれば、布は無事で、汚れだけが燃えてしまう。

混同

火鼠の裘

『竹取物語』で、かぐや姫が求婚者の1人に求めた宝物。後世になると、火鼠の皮から火浣布を作ると考えられるようになった。

火浣布とは、現在で言うアスベスト（石綿）のことだと考えられている。

No.013

魃
ばつ

早魃を引き起こす災厄の女神、それが魃だ。だが、彼女がそうなるためには、哀れな事情があった。

●天帝のために働いたのに…

　古代中国の旱魃（かんばつ）の女神。『山海経』に、その名が見える。

　昔、天の皇帝である黄帝が、牛頭の蚩尤（しゆう）と戦ったときのことだ。黄帝は応竜に命じて蚩尤を迎撃させたが、蚩尤は風伯（風の神）と雨師（雨の神）を味方にして、暴風雨を起こして手が付けられない。

　そこで、黄帝は天から青衣を着た娘の魃（ばつ）を呼び寄せた。彼女は、その体内に大量の光と熱を蓄えており、雨をやませる力があったのだ。彼女の力によって、風伯と雨師の力は封じられ、蚩尤を討ち取ることができた。

　だが、戦いが終わってから問題が起きた。力を使い果たした魃は、天に帰ることができなくなってしまったのだ。にもかかわらず、雨をやませる彼女の力はいまだに残っていた。

　たちまち旱魃が起こり、皇帝の臣である叔均（しゅくきん）（農耕神であるらしい）は黄帝にそのことを報告した。しかし、自分の娘で、蚩尤討伐の功労者である魃を、咎（とが）無く殺すこともできない。

　彼女は、赤水（せきすい）の北に追いやられ、係昆山（けいこんさん）に幽閉されるようになった。だが、寂しいところに幽閉された娘は、人恋しさに時々山を逃げ出して中原（中国の中心部）へとやってくる。すると、その地方は旱魃になってしまう。彼女は、魃と呼ばれる災厄の神になってしまった。

　元々は天女であったはずの魃だが、いまや化け物の姿に変化してしまった。2〜3尺しかない小さな姿で、一つ目だとか、腕も足も1本だけだとか、髪の毛が無く、風のような速さで裸で走るなどと言われるようになった。

　旱魃になると、人々は魃がやって来たのだと考えて、水路を掃除し、「魃よ、北へお帰りください」と願ったという。

　だが、旱魃を起こす以外は、ろくな力を持っていないらしく、農民が自分でひっとらえて、溝に放り込んで殺してしまったという話すらある。

悲劇の女神から怪物へ

妭

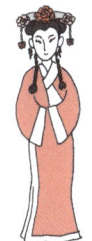

- 天の皇帝である黄帝の娘。
- 風伯（風の神）、雨師（雨の神）と戦うために天から呼ばれた。
- 体内に大量の光と熱を蓄えており、雨をやませる力を持つ。
- 美しい女性として描かれる。

↓

戦いで力を使い果たし、天に帰れなくなってしまうが、雨をやませる力は残っていた。

↓

係昆山に幽閉され、災厄の神として恐れられるようになる。

↓

魃

- 姿を現すと、その地方は旱魃に見まわれる。
- 2～3尺（60～90cm）しかない小さな姿。
- 一つ目・手足が1本の化け物として描かれる。
- 漢字も鬼偏に変化。

係昆山

現在の中国にも、係昆山という土地がある。だが、現在の係昆山は、上海のすぐ近くの蘇州にあるので、魃が幽閉された係昆山とは異なるようだ。

関連項目

- 畢方と鴰→No.009

No.014 アポロン

Apollon

元々太陽神では無かったはずのアポロンだが、だんだんと出世して、いつの間にかギリシャ最高の神の1柱となった。

●余所者にして、オリュンポス十二神である神

ギリシャ神話の太陽神アポロンは、オリュンポス十二神の1柱として、詩歌の神、音楽の神としても信仰された。ローマ神話における名前はアポロ。

ゼウスと地母神レトの間の子（アルテミスは双子の妹）とされるが、レトは元々小アジア（現在のトルコ）の大地母神であり、アポロンという名前もギリシャ由来ではなく、小アジア由来である。そのためか、トロイヤ戦争では、一貫してギリシャではなくトロイヤ側に味方したほどだ。

ギリシャ神話本来の太陽神は**ヘリオス**であり、アポロンは予言と芸術の神、学芸（特に医学）の神であった。全然太陽と関係が無いが、アポロンはポイボス・アポロン（輝けるアポロン）と呼ばれる光明神でもあったので、そこから太陽神というイメージができたものと考えられている。

アポロンは、知的でハンサムであるにもかかわらず、妻がいない。多くの恋をするが、そのほとんどが悲恋に終わるという恋愛運の無い神である。

有名なのがダフネだ。アポロンにからかわれて怒ったエロスは、彼に黄金の矢を、ダフネに鉛の矢を射た。アポロンはダフネを恋して追っかけるが、ダフネはアポロンを拒否して逃げ惑う。ついには、追いつかれそうになったダフネは父の河神ペネイオスに願って、月桂樹へと変身してしまう。アポロンは、ダフネの変身を嘆き、月桂樹を聖樹とした。現在でも、勝利者に月桂樹の冠を被せるのは、このことが由来している。

もっとも、アポロンは美少年を愛することでも有名だ。アポロンはスパルタの美少年ヒュアキントスを寵愛した。西風のゼフュロスもヒュアキントスを愛したが、少年はアポロンのほうだけを向いている。嫉妬に狂ったゼフュロスは、円盤投げをしているアポロンとヒュアキントスに風を吹かせ、アポロンの投げた円盤をヒュアキントスの頭に激突させて殺してしまう。少年の真っ赤な血から赤い花が咲いた。これがヒヤシンスである。

アポロンの司るもの

予言の神
予言の力を持つ蛇ピュトンを征服して神託所を立てた。

牧羊の神
葦笛と交換して、ヘルメスにも牧羊神の地位が与えられた。

音楽の神
詩の神ムサイを主宰する。

学芸の神
話、医学、予言の神から、学芸全般へ。

医学の神
医神アスクレピオスは、アポロンの子。

弓矢の神
黄金の弓で、ピュトンを退治した。

光明の神
光の神の性質も持つ。

太陽の神
光の神から転じて、太陽神ともなった。

アポロンの系図

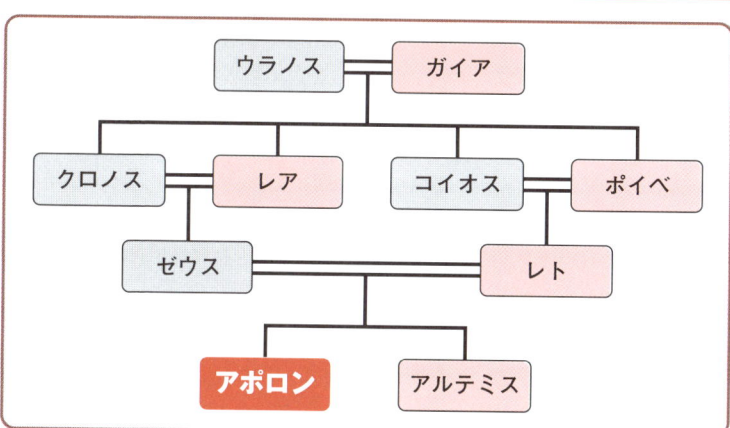

母であるレトは、ゼウスの正妻ヘラの迫害によって、アポロンとアルテミスの双子を生む場所を求めて、世界中をさまようことになった。というのも、予言により、彼女の産む子供は、ヘラの子よりも遥かに優れた神であることが判っていたからだ。

●ヘリオス→No.024

No.015
ブリギット

Brigid

ケルト神話とは、ゲルマン人などよりずっと古くからヨーロッパに住んでいた、ケルト人の神話である。

●3人にして1人の女神

　ブリギットは、ケルトの炎の女神だ。

　神々の父ダグダの娘であり、三相一体の女神でもある。このためか、ブリギットが司るものは多い。農業、医学、詩作、出産の女神であり、春の女神であるとともに、ブリガ（ケルト語で戦いを表す）という名前からも明らかなように戦女神でもある。

　魔法の火鉢を持つ女性の姿で描かれるが、三相一体を表すために、3人の女神として描かれることもある。

　ブリギットの神殿は男子禁制であり、神官も女性のみからなる。また、火の女神らしく、神殿には決して絶えることの無い聖なる炎が燃やされている。

　ブリテンのブリガンティア（Brigantia）も、同系の女神だと考えられている。

　ブリギットは、ケルトの女神だったはずなのに、いつの間にかちゃっかり聖ブリギットとしてキリスト教の聖人になっている。聖人としてのブリギットは、実在の人物でアイルランドにあるキルデア修道院の創設者として知られている。だが、そのエピソードはケルトの女神からかなりの部分を取り入れたものである。

　まず、彼女の祝日は2月1日である。実は、この日はケルトの祭日であるインヴォルグ（春の祭典）でもある。つまり、春の女神であるブリギットの祭日でもあった。

　また、キルデア修道院を作るとき、地主の男は、彼女に対して「マントで包めるだけの土地なら分けてやってもいい」と言った。女性である彼女を、からかいつつ拒否したのだろうが、ブリギットは黙ってマントを地面に置いた。すると、マントは見る間に巨大化して、大きな修道院を作り、それを維持するのに必要な畑の広さにまで広がったという。

ケルト神話の炎の女神

神格
炎、農業、医学、詩作、出産、春、戦女神など、多くを司る女神。

祝日
2月1日

神々の父ダグダの娘であり、三相一体の女神。魔法の火鉢を持つ女性の姿で描かれることが多いが、三相一体を表すために、3人の女神として描かれることもある。

ブリギットの十字架

ブリギットの十字架は、年月を織り成して回る自然の車輪のようなものとして考えられており、草や小麦の穂などで作られる。

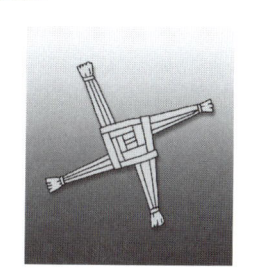

ケルトの四大祭り

ケルトの祭りは、季節ごとにあり、合わせて四大祭りとなっている。

インヴォルグ	2月1日に行われる春の祭典。ブリギットの祭りは、これに当る。
ベルテネ	5月1日に行われる夏の祭典。夏の始まりや、放牧の始まりを祝う。
ルーナサ	8月1日に行われる秋の祭典。ケルトの収穫祭である。
サワン	11月1日に行われる冬の祭典。新年の祭である。10月31日の年末から1日にかけて行われる。現在のハロウィーンの源流ともなった。

No.016
バルドル

Baldur

北欧神話にも、光の神はいる。しかし、不幸にも早死にしてしまい、その復活は世界が終わってからだ。

●死んだ光の神

　北欧神話の光の神。神々の王オーディンと、その妻で愛と結婚の女神フリッグの息子である。

　光の神という重要な地位にいるにもかかわらず、バルドルの神話は驚くほど少ない。その唯一の活躍（？）は、木の枝が刺さって死んでしまう場面だけだ。

　バルドルは、神々の中で最も美しく、万人に愛された神である。にもかかわらず、彼は不吉な夢を見るようになった。そこで、母フリッグは、世界中の生物・無生物を問わず、決してバルドルを傷つけない誓いをさせた。このため、どんな武器を使っても、決してバルドルは傷つかなくなった。

　だが、このとき、若すぎるヤドリギだけは、この誓いを求められなかった。

　神々が、バルドルに武器を投げつけて、全く平気だという、不謹慎な遊びをしていたときのことだ。バルドルの兄弟で盲目の神ヘズは、この遊びに参加できなかった。そのとき、神々の裏切り者ロキは、ヘズにヤドリギを持たせ、バルドルに投げつけてみろとそそのかした。そして、ヘズが投げると、ヤドリギはバルドルに刺さり、彼は死んでしまう。

　母フリッグの嘆きに、弟ヘルモードは、オーディンの乗馬スレイプニルに乗って死の国まで出かけて、死の女王ヘルにバルドルを生き返らせてくれるように頼んだ。女王は、世界のあらゆるものがバルドルのために涙を流したら、バルドルを生き返らせてやろうと約束した。

　フリッグの頼みによって、世界のあらゆるものが涙した。ところが、巨人の女セックだけが、泣かなかったので、バルドルは生き返ることができなかった。実は、セックはロキが変身したものだった。

　ただし、ラグナロック（最終戦争）の後、バルドルは、同時に死んだヘズとともに蘇り、新しい世界を作るのだと言われる。

いつか蘇る光の神

> バルドルが不安な夢を見る。

> 母フリッグがバルドルを傷つけないよう世界中のものに誓わせる。

ただし、ヤドリギだけは若すぎるため例外。

> ロキが盲目の神ヘズをそそのかしヤドリギを投げつけさせる。

> バルドルの死。

> ラグナロック（最終戦争）後、バルドルは蘇り新しい世界を作る。

❖ ロキの罰

　バルドルの死を策謀したことと、バルドルの復活を阻止したこと。
　この二つの罪状で、ロキは神々によって、洞窟の奥に縛り付けられることになった。そして、ロキの頭には罰として、毒蛇が毒を垂らすことになった。
　だが、普段はロキの忠実な妻シギュンが、器で毒を受けてくれる。ところが、シギュンが器に溜まった毒を捨てに行くときだけは、毒が頭からかかってしまう。このとき、ロキは身悶えし、地震が発生するのだという。

関連項目
● スルト→No.027

No.017
スヴァログとダージボグとスヴァロジチ
Svarog, Dazhbog, Svarozic

日本人には、スラブ神話は馴染みが薄いが、ちゃんと火の神がいて、重要な地位を占めている。

●寒い地方の最高神

　スヴァログは、ロシアを中心とした地域に伝わるスラブ神話における「天の神」である。「竈の神」であるという伝承もあり、「火の神」でもある。立ち込める暗黒の雲の中で、稲妻の炎を灯し、天上において火を創造した。ダージボグ（太陽）とスヴァロジチ（火）という2人の息子がいる。つまり、スヴァログは、太陽と火の創造者でもあるのだ。

　ダージボグは、スラブ神話における太陽神である。ボグとは神のことで、ダジとは「与える」とか「光」とかいう意味なので、ダージボグは「与える神」であり「光の神」でもある。当然「火の神」でもある。

　それに対して、月の神メーシャツは、ダージボグの叔父に当る禿頭の老人だという。ところが、メーシャツは男性名詞であるにもかかわらず、若い娘だという伝説もある。この場合のメーシャツは、ダージボグの妻で、春になるとダージボグと結婚し、秋になると次の春まで別れてしまう。この夫婦は、星々の両親でもある。また、この夫婦の仲が悪く喧嘩をすると、地震が起こるのだという。

　ダージボグは、大地の東の果てにあるという常夏の国の宮殿に住む。宮殿は、ゾリャー・ウトレニャヤ（夜明けのオーロラ）とゾリャー・ヴェチェルニャヤ（夕暮れのオーロラ）の姉妹の女神（ダージボグの娘たちだという）が守護している。ダージボグは毎朝12頭立ての馬車に乗り、宮殿を出て天を1周する。馬車を引くのは、鼻から鼻息の変わりに炎を噴く白馬である。これは、ポーランドなどの東欧圏でも同様で、黄金のたてがみの12頭立ての馬車で天上を回る。

　スヴァロジチもスヴァログの息子で、火の神である。また、軍神でもある。スヴァロジチとは、「スヴァログの息子」という意味で、ところによってはスヴァログと同一視される場合もある。

ロシアの火の神々

スヴァログ（天の神）

ロシアの天の神にして、創造神。スラブの神々は、ほとんどがスヴァログの子供である。

ダージボグ（太陽神）

太陽神。寒いロシアでは、太陽ほど熱望されているものはない。このため、スヴァログよりも、ダージボグのほうが、より熱心に崇拝されてきた。

- ゾリャー・ウトレニャヤ（夜明けのオーロラ）
- ゾリャー・ヴェチェルニャヤ（夕暮れのオーロラ）

スヴァロジチ（火の神）

天から降りてきた火（雷によって発生した炎）の神。「～イッチ」は、ロシア語で「～の息子」という意味なので、スヴァロジチは、スヴァログの息子となる。

※一部地域では、スヴァログとスヴァロジチを同一視する場合もある。この場合は、スヴァロジチはスヴァログの別名であり、天の神が自ら地上に炎を届けてくれたのだと考える。

西方浄土と常夏の国

ロシア　→東へ　東方の常夏の国　　太陽の車輪 　　阿弥陀仏　　西方浄土　←西へ　日本

日本では、西方浄土といい、西の彼方に理想の国があると考え、西方（つまり大陸）への進出を行った。それに対し、ロシアは、東方に常夏の国があると思い、シベリアへ、さらにその先の海へと進出した。明治時代に行われた日露戦争は、このあたりの民族的動機も遠因の一つと考えてよいだろう。

No.018
迦具土（かぐつち）

日本神話の火の神は、神話中ではあまり活躍しない。とはいえ、腐っても火の神。多くの人から崇められている。

●父に殺された火の神

　日本神話における火の神。『古事記』では、火之迦具土神（ひのかぐつちのかみ）、火之夜藝速男神（ひのやぎはやをのかみ）、火之炫毘古神（ひのかがびこのかみ）という異称がある。『日本書紀』には、火産霊（ほのむすび）、火神軻遇突智（ひのかみかぐつち）とある。

　神産みの時に、伊邪那岐（いざなぎ）と伊邪那美（いざなみ）の間に生まれたが、そのときに母親の陰部に火傷を負わせてしまう。そのため、伊邪那美は病に臥せり、やがて死亡する。

　怒りのあまり、伊邪那岐は十拳剣（とつかのつるぎ）で迦具土を切り殺してしまう。この血から8柱の神が生まれた。その中で最も有名なのが建御雷之男神（たけみかづちのをのかみ）という雷神である。また、その分割された死体からも、8柱の山津見神（やまつみのかみ）（山の神）が生まれた。頭は正鹿山津見神（まさかやまつみのかみ）という風に。

　迦具土は、生まれてすぐに切り殺されてしまったので、日本神話においてほとんど活躍しない。火の神という重要な神格が活躍しないという意味で、日本神話はちょっと珍しい神話である。

　しかし、切り殺されてしまったものの、神は神である。迦具土は、火と鍛冶の神として現在でも信仰されている。死体の各パーツがそれぞれ神になったにもかかわらず、迦具土そのものも、きちんと信仰されている点が面白い。

　その中心となるのが、秋葉（あきは）神社である。静岡県浜松市にある秋葉山本宮を中心として、日本全国で千近い秋葉神社がある。このように多くの信仰を集めるのは、秋葉神社が、防火の神として崇められるようになったからだ。火の神なのだから、火にあたっても平気だろうと考えられたのだろう。

　特に江戸時代、江戸の町は大火事が多く、火事を恐れる人々が、秋葉神社参りをするようになった。伊勢参りほど遠くないので、ちょっとした物見遊山として格好の位置にあったのも、秋葉参りが盛んになった理由であろう。

迦具土の系図

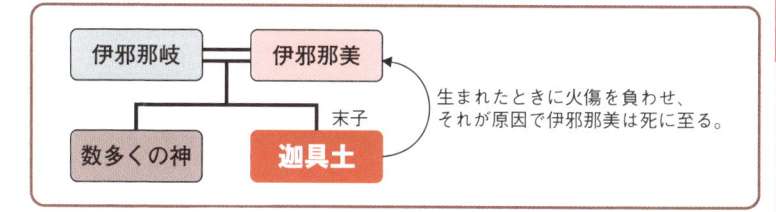

```
伊邪那岐 ─┬─ 伊邪那美
          │          ←生まれたときに火傷を負わせ、
     ┌────┴────┐      それが原因で伊邪那美は死に至る。
                末子
  数多くの神   迦具土
```

火の神の死によって生まれる神々

迦具土を殺した血が剣の先端から滴って生まれた神々	
石折神（いはさくのかみ）	岩石を裂くほどの力ある神
根折神（ねさくのかみ）	木の根を裂くほどの力ある神
石筒之男神（いはつつのをのかみ）	岩の神らしいが不詳

剣の根元に着いた血が滴って生まれた神々	
甕速日神（みかはやひのかみ）	太陽を讃える神
樋速日神（ひはやひのかみ）	太陽を讃える神
建御雷之男神（たけみかづちのをかみ）	勇猛な雷神

剣の柄に集まった血が滴って生まれた神々	
闇淤加美神（くらおかみのかみ）	水の神
闇御津羽神（くらみつはのかみ）	水の神

迦具土のバラバラの肉体から生まれた山の神々	
正鹿山津見神（まさかやまつみのかみ）	頭から生まれる
淤縢山津見神（おどやまつみのかみ）	胸から生まれる
奥山津見神（おくやまつみのかみ）	腹から生まれる
闇山津見神（くらやまつみのかみ）	性器から生まれる
志藝山津見神（しぎやまつみのかみ）	左手から生まれる
羽山津見神（はやまつみのかみ）	右手から生まれる
原山津見神（はらやまつみのかみ）	左足から生まれる
戸山津見神（とやまつみのかみ）	右足から生まれる

関連項目
- 天照大神→No.019
- 火伏→No.082

No.019
天照大神
（あまてらすおおみかみ）

日本神話における太陽神。また、高天原（神々の国）における主神でもある。

●皇室の祖先神

　世界の神話で、太陽神が女神である例は少なく（イヌイットの神話に例がある）、主神が女神である例はさらに少ない。ところが、天照大神は、太陽神であり、主神であり、しかも女神である。このような神話は、大変少ない。これは、『日本書紀』『古事記』編纂の時期が、元明・元正天皇など女帝が続く時期だった影響かもしれない。

『古事記』では、創世神である伊邪那岐（いざなぎ）が根の国（死後の世界）から帰還してその穢れを洗い流したとき、右目を洗うときに生まれたのが天照大神である。同時に、左目を洗うときに月読命（つくよみのみこと）、鼻を洗うときに建速須佐之男命（たけはやすさのをのみこと）が生まれており、この3柱を三貴子（みはしらうずのみこと）という。

　天照大神で最も有名な天岩戸の神話は、日食のエピソードだと言われる。高天原（たかまがはら）に須佐之男がやってきて、田の畔道（あぜみち）を壊したり、神殿に糞をするなど、乱暴狼藉を働く。そして、ついに機織（はたおり）をしている娘の家に、死んだ馬を投げ込み、娘は動転して事故死してしまう。最初は弟をかばっていた天照も、これには恐れおののき、天岩戸に隠れてしまう。このため、世界中が暗黒に閉ざされてしまう。

　困った神々は思金神（おもいかねのかみ）の知恵で、鏡を作り、天岩戸の前で大宴会を開く。天照は、世界が暗黒になっているはずなのに、どうして神々が笑っているのか不思議に思い、扉を薄く開けて覗いてみた。天宇受売（あめのうずめ）は、「あなたより貴い神がいらっしゃるので、神々は笑っています」と答えた。何者かと見る天照の前に、鏡を置くと、光り輝く神の姿を見ようと、思わず天照は身を乗り出してしまう。このとき、天手力男命（あめのたぢからをのみこと）が、天照の手を引いて引っ張り出し、布刀玉命（ふとだまのみこと）が、天岩戸に注連縄（しめなわ）を張って、戻れないようにした。

　こうして、再び世界は明るくなったのだという。

三貴子

伊邪那岐が黄泉から帰還したとき、黄泉の穢れを落とすために禊を行った。その時、現れた三柱の神を三貴子という。

右目
- 天照大御神
- 太陽の女神。

左目
- 月読命
- 月の男神。

鼻
- 建速須佐之男命
- 海の男神とされるが、その実態はいまだに判らない。

日本七神明

神明神社とは、天照大神を祀る神社のことで、日本で5000社を超える。その中で、以下の7社を日本七神明という。

- 伊勢神宮
- 東京芝神明宮
- 出羽湯殿山神明宮
- 京都松原神明宮
- 信濃仁科神明宮
- 京都東山神明宮
- 大阪露天神社
- 加賀金沢神明宮

関連項目

●迦具土→No.018

No.020
アグニ

Agni

インドの火の神アグニは、近代になればなるほど地位の下がってしまう神である。

●地位の下がった火の神

インド神話における火の神。元々は、普通名詞の「火」である。ラテン語の「イグニス」（火）と同じであるとされる。

インド最古の神話『リグ・ヴェーダ』（紀元前1500年頃の神話）では、インドラと並んで最も重要な神である。だが、その後だんだんと地位が下がり、現在のヒンズー教では、主要な神の1柱ではあるものの、あまり大きな地位を占めてはいない。

ヴェーダにおけるアグニは、家庭の炉の火であり、また太陽の火であり、さらに祭祀における火でもある。炎の髪を持ち、顎と歯は黄金で、3枚もしくは7枚の舌を持った姿で現される。

インドでは、元々供物を火にくべる。こうすることで、アグニが供物を消化して、天上の神々のところに運んでくれるのだという。つまり、アグニはそれ自体として最重要な神であるとともに、他の神々との間の仲介者でもあった。つまり、火は消化作用をも表し、人間や動物が体内で食物を消化するのも、アグニの力の働きであるとされた。

アグニは、ローカパーラ（世界の周囲を護る神）の1人である。ヴェーダの時代には、ローカパーラは4柱で、アグニは東を守護する。だが、『マハーバーラタ』（紀元前4世紀頃の神話叙事詩）では、8柱に増えており、アグニは東南を守護する。

さらに、この『マハーバーラタ』におけるローカパーラが仏教に取り入れられて、仏教の八方天となった。そこで、アグニは引き続き火天という名前で東南を守護している。特に、密教で八方天は重視される。さらに、天地日月を守護する4柱の天を合わせて、十二天と呼ぶこともある。

現在のヒンズー教では、アグニは太った赤い肌の男として描かれており、かつての輝かしさはあまり無い。

変化するインドの火の神

ヴェーダの時代

初期のアグニ

炎の髪を持ち、顎と歯は黄金で、3枚もしくは7枚の舌を持った姿で現される。

『マハーバーラタ』の時代

後世のアグニ

三面三脚七臂の神として描かれることが多い。

火天

仏教の八方天の1柱。

現代

現代のアグニ

太った赤い肌の男。

No.021

ミスラ

Mithra

ペルシャ神話に登場する光の神。ミスラほど、多くの宗教に影響を与えた神も珍しい。ユーラシア大陸全域にミスラの影響はある。

●全世界に影響を与え、消えてしまった神

ペルシャ語でミスラとは「契約」を意味する言葉で、契約の神であった。

インドではミトラという名前の契約の神となった。また、ミトラは「盟友」を表す言葉となり、友情の守護神とされるようになった。

古代ペルシャで盛んだった**ゾロアスター教**では、ミスラは格下げされ、司法神となった。ただし、民間信仰においては、ミスラの信仰は盛んだった。

アレクサンダー大王がイランを占領したとき、ミスラは太陽神であるということで、**アポロン**と同一視されるようになった。アレクサンダー大王は、自らをアポロンの化身と考えていたので、各地に建設した都市アレクサンドロスにはミスラの神殿が建立され、ミスラ信仰は再び盛んになった。

アレクサンダー以降のミスラ教は、ギリシャ神話と習合したヘレニズム的なものに変化した。ミスラはアポロンであり、その配下の七曜神も、それぞれギリシャ神に比定された。

ミスラ教は、ヘレニズム文化とともに、ヨーロッパにも登場する。それがミトラス教である。ローマ帝国の時代には、帝国の国教をキリスト教と争うほどであったが、キリスト教の国教化とともにキリスト教会からの弾圧を受け、衰退し忘れられてしまった。実は、ローマに登場した当時のキリスト教はまだまだ原始的で、儀式の類はほとんど整備されていなかった。そこで、キリスト教は、ミトラス教の儀式を大幅に取り入れ、宗教としての形を整えた。その意味で、ミトラス教は、キリスト教の手本となった宗教である。

3世紀にイランで生まれたマニ教においては、光の勢力の太陽神ミスラとして闇と戦う。これもキリスト教に取り入れられ、異端派になった。

だが、我々にもっと馴染み深いミスラがいる。それが、弥勒菩薩だ。弥勒菩薩は、インドでマイトレーヤと言い、ミトラ（インドにおけるミスラ）が、仏教に取り入れられて菩薩となったものだ。

光の神が世界に広まるまで

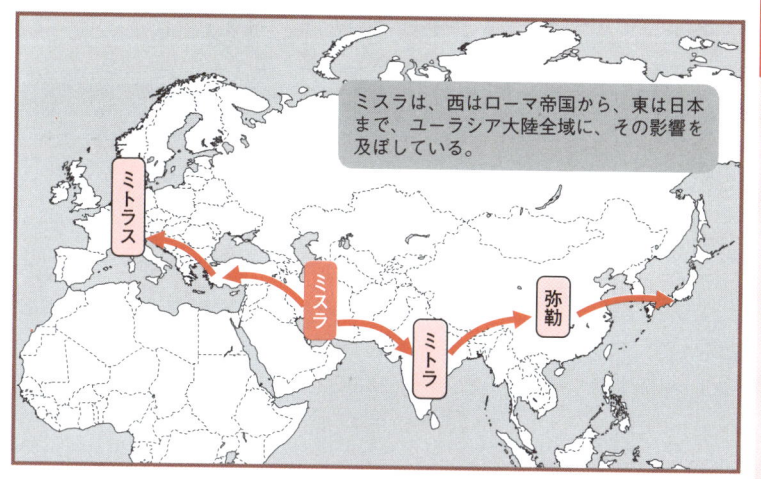

ミスラは、西はローマ帝国から、東は日本まで、ユーラシア大陸全域に、その影響を及ぼしている。

ミスラの諸宗教への影響

クリスマス

イエス・キリストの誕生日が何日なのかは、全く判っていない。クリスマスは実は、キリスト教が、当時流行していたミトラス教の冬至祭にあやかって、12月25日をキリストの誕生日と勝手に決めて祝い始めたのが始まりだ。要するに、当時流行していたミトラス教の真似をしたらそれが現代まで残ってしまったのだ。

仏教の弥勒

弥勒菩薩は、インドの古い言葉であるサンスクリット語でマイトレーヤという。その語感からも明らかなようにミトラが仏教に取り入れられたものだ。

『リグ・ヴェーダ』

インド最古の神話である『リグ・ヴェーダ』にも、ミスラは登場する。主神ではないものの、有力な神の1柱となっている。インドでは、ミスラは友情を司る神である。

『アヴェスター』

ゾロアスター教の経典である『アヴェスター』にもミスラは登場する。ただし、主神ではない。ミスラは司法神で、千の耳と万の目をもって全世界を見張っている。

日曜日

平安時代、日曜のことを「密」と書いたが、これはマニ教の日曜日を表す神名ミールがなまったものだ。もちろん、ミールもミスラのことだと言われている。

関連項目

- アポロン→No.014
- ゾロアスター教→No.028

No.022
ケツアルコアトル
Quetzalcoatl

中央アメリカにおいて、ほとんど万能の神として崇められていたのがケツアルコアトルだ。

●神と同名の英雄

　トルテカ王国やその後に起こったアステカ王国などの、中央アメリカ文明に伝わる太陽神。人々に呼吸する空気を与えてくれる風の神であり、後期には水の神にもなっている。さらに、人間を作った創造神である。

　エメラルドグリーンの美しい羽のある蛇の姿で、日本では蛇はあまり良いイメージが無いが、ここでは不滅の生命という良いイメージで使われている。

　彼は太陽神であるが、無限に只働きをしてくれるわけではない。神々といえども、食事を取らなければ力が弱り、太陽は輝かなくなってしまう。

　このため、トルテカの人々は、ケツアルコアトルに供物を差し出した。神々の食事とは、人間の血である。だからこそ、中央アメリカ文明は、人身御供を差し出すのだ。

　ケツアルコアトルは、神であるとともに歴史上の英雄でもある。トルテカ王国第9代皇帝は、ケツアルコアトルである。

　暗黒神にして戦士の神テスカトリポカ（彼は原初の太陽神であり、ケツアルコアトルによって地上に落とされた。そして、新たな太陽神の地位にケツアルコアトルが就いたのだから、敵になって当然と言えるだろう）は、ケツアルコアトルに肉体を与えることで、弱みを作った。ケツアルコアトルは、飲酒と好色という二つの悪癖を持つようになってしまったのだ。

　こうして、彼はトルテカから追放された。

　海岸にたどり着くと、蛇でできた筏に乗って、いつか再び戻ると予言をしてから去っていった。だが、追放したにもかかわらず、トルテカの人々は、ケツアルコアトルを崇拝し続けた。

　ちなみに、同時期頃のマヤの記録には、羽毛のある蛇ククルカンが西の海（トルテカはマヤの西にある）からやってきて新たな国を建てたとあるので、ケツアルコアトルこそがマヤのククルカンなのかもしれない。

追放された神

ケツアルコアトル → ククルカン

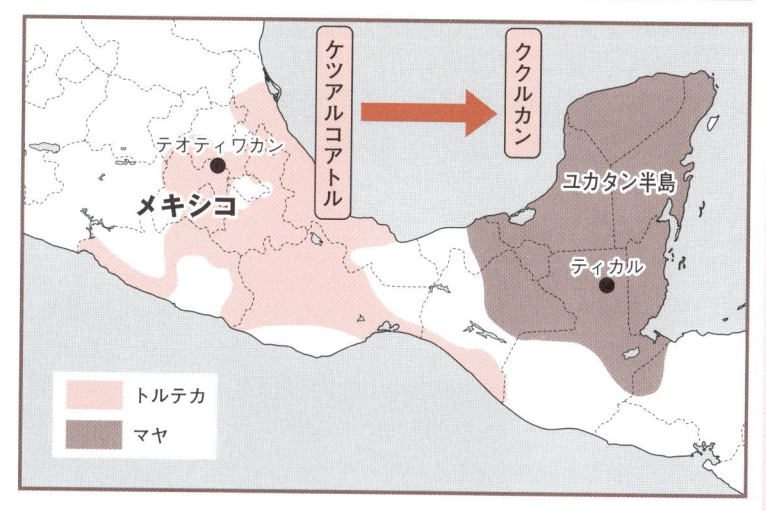

- テオティワカン
- メキシコ
- ユカタン半島
- ティカル

凡例:
- トルテカ
- マヤ

図からも明らかなように、マヤ文明のあったユカタン半島は、トルテカ文明のあったメキシコ本土から見て、海を隔てた東にある。

ケツアルコアトルの姿

ケツアルコアトル ＝ 羽毛のある蛇

テオティワカン遺跡のケツアルコアトル

第1章●火の精霊と火の神

No.023
インティ

Inti

南米インカ帝国の神インティは、現在でも南米の人々の間で、根強く崇拝されている。

●インカ皇帝家の祖先神

　インカ帝国における太陽神。インカに文明を発展させるためにインカの人々をこの世界に派遣した神である。その意味では、インティは祖先神でもある。妻は、妹でもあるママ・キジャ。

　インカの至高神は創造神ビラコチャであり、インティはその息子である。

　しかし、後になると、インティの地位は上がり、ビラコチャと同格の神となる。これは、インティがインカ帝国皇帝の直系祖先に当るからで、非常に重視された。それどころか、ついにはビラコチャとインティは同じ神だと主張する神話すら存在した。

　インカ帝国の始まりには、以下のような神話がある。昔インティが地上を見ていると、人間たちは獣同然の惨めな暮らしをしていた。そこで彼は、息子と娘に黄金の杖タパク・ヤウリを与え、この杖の沈む地面に都を作り、人々を導くように命じた（彼らが教えたものこそ、トウモロコシとジャガイモの栽培だった）。2人が放浪していると、後にクスコとなる土地で杖は沈んだ。2人は都を建て、その皇帝と皇妃となった。彼らこそ、インカ初代皇帝であるマンコ・カパックとその妻ママ・オクリョである（厳密に言えば、まだ皇帝位が制定されていなかったので、彼はカパック（将軍）のままである）。

　つまり、インカ帝国では皇帝はインティの子孫であり、化身でもある。

　現在キリスト教に席巻された南米ではあるが、今でも6月にはインティライミ（太陽の祭り）というインティを祀る大規模な祭りが行われており、観光客らを集めている。

　また、ペルーの通貨は、ソル（＝太陽）とインティ（＝太陽神）という単位である。1985年までの通貨はソル、その後1991年まではインティ、それ以後は再びソル。ハイパーインフレによって何度も変更された。

南米の太陽神

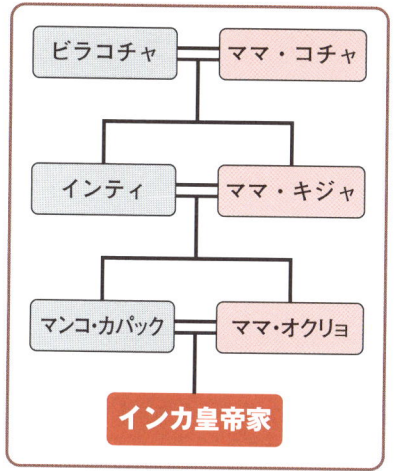

```
ビラコチャ ══ ママ・コチャ
        │
   インティ ══ ママ・キジャ
        │
マンコ・カパック ══ ママ・オクリョ
        │
   インカ皇帝家
```

後世になっても、インカ皇帝家は他の血を入れることを、血が穢れるとして避け、可能な限り血族結婚を行ったとされる。

インティ

インティのシンボルは、太陽のマークである。ちなみに、このマークはアルゼンチン国旗の中央にあるものだ。

インカ帝国

インカ帝国は、13世紀に南米のペルー、ボリビアに興り、最盛期には広大な領土を所有した。だが、16世紀にスペインに征服されて滅んだ。文字を持たない文明だったので、スペイン占領後、宣教師たちが残したわずかな記録を除き、その歴史や文化についてははっきりとは判っていない。

■ インカ帝国の最大版図

第1章●火の精霊と火の神

No.024
ヘリオス

Helios

ギリシャ神話の本来の太陽神はヘリオスだ。だが、このヘリオス、アポロンに役割を奪われて、大変影が薄い。

●地位を奪われた神

　ギリシャ神話の太陽神。ローマ神話における名前はソル、まさに太陽そのものだ。天空に位置して全てを見るヘリオスは、誓いの神でもある。

　けれども、**アポロン**が太陽神の機能も持つようになって、ヘリオスの地位は下がり、ときにはアポロンの別名扱いにされてしまう。ヘリオスの別名であるヒュペリオンやポイボスも、ヒュペリオンは独立した神になりヘリオスの父と考えられるようになり、ポイボスはアポロンの別名になってしまった。

　ヘリオスは、東の果てにある黄金の宮殿に住んでおり、毎朝妹である暁の女神エオスに先導され、東の空へと姿を現す。

　羽のある馬4頭立ての戦車に乗り、天空を横切って西の空へと沈む。西に沈んだヘリオスが、翌朝東に現れるのは、このままでは奇妙なことだ。ヘリオスは、世界の周囲を回っているオケアノスの河に浮かぶ巨大な黄金の杯に乗って、夜のうちに東の宮殿に帰るのだという。

　ゼウスが、地上の国々を神々に分配したとき、ヘリオスは太陽として空にあったため、分け前を貰い損ねた。そこで、ゼウスは気の毒に思って、海から新しく出現したロドス島をヘリオスの国とした。このため、ギリシャ世界の中で唯一ロドス島でだけ、ヘリオスの信仰が盛んである。

　ヘリオスも、多くの女性を愛したが、有名なのがペルシャ王女レウコトエの件だ。彼女に嫉妬した別の愛人クリュティエが王に告げ口したため、王女は生き埋めにされてしまう。悲しんだヘリオスは、その土にアンブロシアを注ぐと、そこから乳香の木が生えた。また、クリュティエもひまわりになったが、今でも愛する男のほうを向いたままでいるのだという。

　このように、ヘリオスの情事はトラブルを起こすことが多いが、これはアフロディテのせいだという。アレスとの浮気を夫の**ヘパイストス**に告げ口されたので、その逆恨みでヘリオスの情事に介入するのだ。

ヘリオスの特徴

ヘリオスの特徴と言えば、以下のようなものだ。多くの芸術作品でも、これらの特徴は使われている。

- 4頭立ての馬車に乗っている。
- その頭は太陽として輝いている。

ヘリオスの系譜

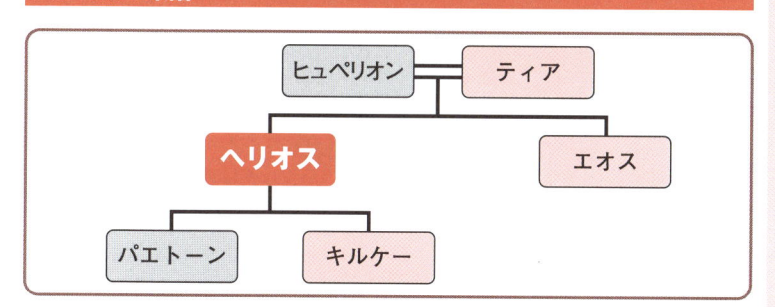

```
ヒュペリオン ― ティア
         │
   ┌─────┼─────┐
 ヘリオス       エオス
   │
 ┌─┴─┐
パエトーン キルケー
```

♣ 密告屋ヘリオス

　ヘリオスは太陽神として常に天空にあるために、地上で起きたあらゆることを見下ろしている。このため、様々な事件の真相を知る立場にある。アフロディテがアレスと浮気したのを夫のヘパイストスに告げ口したのも、ペルセポネがハデスに誘拐されたのを母親のデメテルに教えたのも、ヘリオスの仕業である。ある意味、究極の情報屋兼密告屋と言えよう。

関連項目

● アポロン→No.014　　　● ヘパイストス→No.032

No.025
アメン・ラー
Amen Ra

中東のような暑い地域では、太陽神は熱気を持ってくるので、あまり好まれないのだが、エジプトは例外だ。

●エジプトを融合させた太陽神

　エジプトの太陽神。エジプトは、中東世界では珍しく太陽神を主神とする神話を持つ。

　元々、アメンとラーは別々の神だった。古代エジプトは、多くの地域に分かれ、それぞれが部族宗教を持っていた。それぞれの地域には、それぞれ別の神話が存在した。

　ラー（レーとも言う）は、下エジプト（ナイル川下流地域）の太陽神で、ヘリオポリス（現カイロ）などではアトゥムという別の古い太陽神と習合（複数の神をまとめて1柱の神として扱うようになること）して、創造神としての地位も得た。朝の（まだ若い）太陽をケペリ、昼の（支配的な）太陽をラー、夕方の（衰えた）太陽をアトゥムと使い分けることもある。

　隼の頭部を持つ神で、昼は昼船に乗って天を進み、夜は夜船に乗って天（の女神ヌート）の胎内を通って東へと戻る。

　これに対し、アメンは上エジプト（エジプト南部のナイル川中流域）の天空神にして豊穣の神で、テーベ（エジプト南部の都市）などで盛んに信仰された。アメンとは、「隠された者」という意味であり、こちらには、本来太陽神の意味合いは無い。

　牡羊の頭部を持つ神で、エジプト中王国時代（下エジプトが覇権を握った古王国時代と異なり、上エジプトが覇権を握っていた）には、国家の守護神として、絶大な権勢を誇っていた。

　この二つが習合したのが、アメン・ラーだ。

　上下エジプトの太陽神と天空神を合わせたため、エジプト全土で広く崇められる太陽神となった。ヘレニズム時代には、ローマ神話などとも習合され、ゼウスとも同一視された。

習合する神

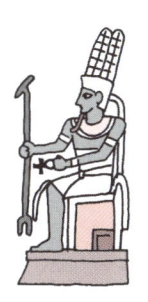

アメン
上エジプトの天空神、豊穣の神。本来太陽神の意味合いはない。

ラー
下エジプトの太陽神。

アメン・ラー
エジプト全土で広く崇められる太陽神。ローマ神話などとも習合され、ゼウスとも同一視された。

アブシンベル神殿
紀元前16世紀〜紀元前11世紀頃に建てられたアメン・ラーの神殿。至聖所にあるアメン・ラーの像には春分と秋分の日にだけ、朝日が当たる。

ルクソール神殿
紀元前14世紀にアメンホテプ3世が作ったカルナック神殿の離宮。ナイル増水期に、アメン神を安置するために作られた。

関連項目
● アトン（アテン）→No.026

No.026
アトン（アテン）
Aton/Aten

エジプトの太陽神は、ラーだけではない。王によって、新たな神が創られることすらある。それがアトンだ。

●人工的に造られた神

エジプトの太陽神。本来は、太陽そのものを表す言葉で、先端に手のついた太陽光線を多数出しているオレンジ色の円（太陽）で表される。その手の一つには、生命の象徴たるアンクを握っている（生命の創造者の証）。

エジプト王アメンホテプ4世は、王になると、今までの神々を全て否定し、太陽神アトンを制定して、アトンこそが唯一の神であると主張した。そして、自らをアクエンアテン（アテンの帰依者）と称して、アメン神の神官らを迫害し始めた。

実は、アメン神官たちが権力を持ちすぎてきたので、彼らから権力を奪い返すために行われた宗教改革の一種ではないかとも考えられている。

そして、アケトアテン（アテンの地平線）という新たな都を作り、そこにはアトン神以外の神殿を建立させなかった。アケトアテンは、テーベ（エジプト南部の都市）とメンフィス（ナイル河口近くの都市）との中間に作られ、上エジプト（南部）と下エジプト（北部）の融和も狙ったのではないかと言われている。

アトンは、あらゆる生命の創造原理であり、人間に様々な色の肌、様々な言語、住まうべき土地を与えた。また、エジプト人にはナイル河を与え、他のものには雨を与えたのもアトンとされる。

アトンは、宇宙に只ひとり自ら生まれた神である。そして、自慰によって大気の神シューと、湿り気の神テフヌトを生み出し、この2柱の融合によって世界が生まれた。

しかし、アクエンアテンの宗教改革は失敗した。彼が生きていた頃こそ、アトン信仰は盛んであった。だが、その後継者となった娘婿のトゥトアンクアテン（アテン神の生ける似姿）は、改名しトゥトアンクアメン（ツタンカーメン）と名乗ってアメン信仰に戻り、王宮もテーベに戻した。

太陽の神

アトン＝エジプトの太陽神

太陽から細い腕がたくさん出ている。この1本1本は、太陽の出す光線を表している。

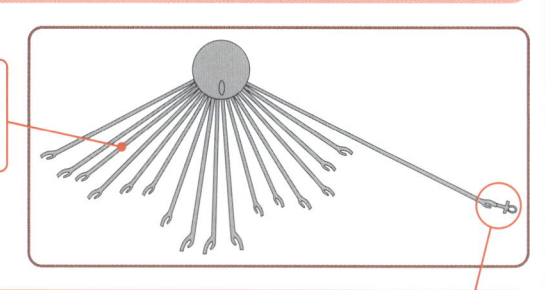

腕の一つで、アンク（別名エジプト十字架）とも呼ばれるものを持っている。このアンクは生命を象徴し、太陽が生命を育んでいることを表している。

アトンの宗教改革

・メンフィス
ナイル河
・アケトアテン
テーベ・

アメンホテプ4世の改革

- 太陽神アトンを制定し、アトンを唯一の神であると主張。
- 首都をアケトアテンに移す。

ねらい

- アメン神官の権力剥奪。
- 上エジプトと下エジプトとの融和。

アメンホテプ4世の死後は全て元に戻される。

関連項目

● アメン・ラー→No.025

No.027
スルト
Surt

巨人に、火や氷といった属性があるとしたのは、北欧神話が最初かもしれない。炎の巨人の最強といったら、スルトだろう。

●神々の敵

　北欧神話に登場する炎の巨人。炎の魔剣レーヴァティンを持つ（スルトの炎の剣はレーヴァティンでないという話もある）。ちなみに、スルトとは「黒」という意味がある。

　炎の世界ムスッペルヘイムに住む炎の巨人たち（ムスッペル）の王で、世界の創生前から存在したと言われる。

　北欧神話では、南の炎の国ムスッペルヘイムと北の氷の世界ニヴルヘイムの間にあった巨大な間隙ギンヌンガガプに神々の国アースガルズが作られた。

　つまり、神々の国が存在する前からムスッペルヘイムはあり、そこに炎の巨人たちは住んでいたのだ。

　その炎の巨人たちの王がスルトである。

　そして、スルトは世界の終わりでも重要な役割を果たす。ラグナロック（神々の黄昏）の大戦争において、スルトは魔犬ガルムと炎の巨人たちを引き連れて、ロキの側に参陣し、神々の中で最も美しい豊穣の神フレイと戦うことになる。

　以前のフレイは、勝手に動いて敵を倒してくれる魔法の剣を持っていた。だが、美しい巨人の妻ゲルズを手に入れてくれた褒美に、召使のスキールニルに剣を与えてしまった。このため、鹿の角で戦うことになったフレイは、レーヴァティンを持つスルトに勝つことができなかった。

　このスルトとフレイの戦いでラグナロックは終了する。1人残ったスルトは、レーヴァティンを振るって世界の全てを焼き尽くす。そして、全てを焼き尽くした後に、どこへともなく去っていった。

　こうして現在存在する世界は終焉を迎え、生き残った神々によって、新しい世界が始まることになる。スルトは、世界の始まりの前から居て、世界に終わりをもたらす役目を持っている巨人だったのだ。

北欧神話の世界

- 霜の巨人
- ニヴルヘイム
- ギンヌンガガプ
- アースガルズ
- 神々と人間の世界
- ムスッペルヘイム
- 炎の巨人

スルト
- 炎の巨人の王。
- 世界の創世前から存在した。
- 炎の魔剣レーヴァティンを持つ。

ラグナロックでの対戦

北欧神話では、この世界の終わりに神々と巨人たちの大戦争が起こり、その最後にスルトが登場する。

対戦表

主神オーディン	✕ ― 〇	魔狼フェンリル
雷神トール	✕ ― ✕	大蛇ヨルムンガンド
豊穣神フレイ	✕ ― 〇	炎の巨人スルト

最後の戦いに勝利したスルトはレーヴァティンを振るって世界の全てを焼き尽くし、どこへともなく去っていく。

関連項目
- バルドル→No.016

第1章●火の精霊と火の神

No.028
ゾロアスター教
Zoroastrianism

一神教の祖先とも言うべきゾロアスター教は、非常に火を重視する宗教でもある。火とは、何を意味するものなのか。

●火を神聖視する教え

ゾロアスター教の開祖は、ペルシャ語でザラスシュトラ、英語ではゾロアスター、ドイツ語でツァラトゥストラ。その教典は、『ガーサー』(ゾロアスターの言葉)をはじめとする『アヴェスター』(祭祀書)である。

ゾロアスター教は、後になるとマズダー派、ミトラ派(後のミスラ教に影響を与えた)などに分裂し、再び統一されることは無かった。このため、教典も派ごとに異なり、ゾロアスターの伝記すら異なる。この解説は、マズダー派を主とし、他を多少取り入れたものになっている。

ゾロアスター教では、光の神アフラ・マズダー(賢い主)と7柱のアムシャ・スプンタ、下位の善神ヤザタたちと、それに対立する暗黒神アンラ・マンユによって世界が成立している。このため、二神教と呼ばれる。

アフラ・マズダーとアンラ・マンユは無限の時ズルワーン・アルカナから生まれた双生児である(と主張する人々もいる。ズルワーンを認めない人々もいる)。アフラ・マズダーが地上を楽園にしようという計画を立てたところ、アンラ・マンユは毒蛇や疫病やその他の悪しきものを作り出して、計画を台無しにした。アフラ・マズダーが星々を作り天空に散りばめると、アンラ・マンユは天空を勝手気ままに動き回る惑星を作った。

人間は、自由意志で善悪いずれかの陣営を選び、その計画に従事できる。『アヴェスター』には、「賢者は正しく選んだが、愚者は正しく選ばなかった」というゾロアスターの言葉がある。ただし、最終的にアフラ・マズダーの勝利は約束されている。このため、一神教のさきがけと言う人もいる。

アフラ・マズダーの光の象徴が、火である。火は、闇を退ける真理と公正さの象徴として、神聖視された。ゾロアスター教の寺院では、神像のようなものは存在せず、代わりに火を焚いて、それをアフラ・マズダーの象徴として拝む。このため、別名拝火教とも言われる。

宗教のできるまで

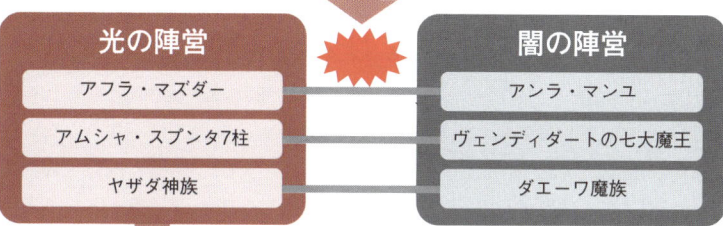

多神教	二神教	一神教
→ギリシャ神話など	→ゾロアスター教	→キリスト教など

光の陣営
- アフラ・マズダー
- アムシャ・スプンタ7柱
- ヤザダ神族

闇の陣営
- アンラ・マンユ
- ヴェンディダートの七大魔王
- ダエーワ魔族

光の象徴として火を神聖視する。

❖ 『ツァラトゥストラはかく語りき』

　ドイツの哲学者ニーチェの著作として高名で、読んだことは無くても名前だけなら知っている人も多い。この本は哲学書であるにもかかわらず、一種の物語であり、その主人公こそゾロアスター教の開祖ゾロアスター（＝ツァラトゥストラ）である。

　また、リヒャルト・シュトラウスが、この本にヒントを得て作曲した交響曲『ツァラトゥストラはかく語りき』も傑作であり、またその壮大さゆえに、多くのシーンで使われている。有名なのは、『2001年宇宙の旅』のオープニングであるが、日本ではボブ・サップのテーマソングとしてのほうが有名かもしれない。

　ちなみに、ニーチェの著作は、主人公こそゾロアスターであるが、内容はあくまでもニーチェの思索から生まれた哲学であり、ゾロアスター教とはほとんど関係は無い。

●アータル→No.005　　　　●ミスラ→No.021

No.029
アモン
Amon

アモンは炎の侯爵という別名があり、日本では永井豪の『デビルマン』の正体としても有名である。

●隠された面を持つ悪魔

　地獄の大侯爵にして、ソロモン王の72柱の魔神の1人。その名は広く知られている割に、その正体ははっきりしない。

　元々は、エジプトのアメン神がキリスト教世界において悪魔となったものだと考えられている。だが、そのアメン神自体が、特徴のはっきりしない神なのだ（一応、天空神だと考えられてはいる）。実際、ラーと習合（複数の神が混じって1柱の神になってしまうこと）して、**アメン・ラー**という太陽神になってしまったのも、アメンのはっきりしないところが、習合するのには便利だったからだろう。

　コラン・ド・プランシーの『地獄の辞典』によれば、悪魔としてのアモンは、頭はフクロウ、身体は狼、尾は蛇の姿をしている。炎の侯爵の異名を持つだけあって、口から火を吐くことができる。もちろん、人間の姿をとることもできる。

　悪魔の公子たちの中で最強と言われ、40もの悪魔の軍団を率いる。この最強というところから、永井豪は『デビルマン』の主人公不動明をアモンと合体させることにしたのかもしれない。

　過去と未来を知る力を持っており、その気になれば喧嘩した友人間の調停を行うなど容易い。これは、アメン神が、「隠されたもの」という意味を持っているところから、隠された事実を知ることができることになったのだと思われる。

　ちなみに、「アメン」＝「隠されたもの」という意味合いが、ユダヤ教を経由してキリスト教に取り入れられた。そして、キリスト教徒は神に呼びかけるときにも、この言葉を使う。すなわち、「アーメン」である。

　なんと、神への呼びかけと悪魔の名前が両方とも同じ神の名前から来ているという奇妙なことが起こっているわけだ。

最強の悪魔の1人

アモン
- ソロモン王の72柱の魔神の1人。
- 炎の侯爵の異名を持ち、口から火を吐くことができる。

尾：蛇
頭：フクロウ
身体：狼

悪魔に関する最も詳細な本として知られる、コラン・ド・プランシーの『地獄の辞典』に登場するアモン。現在のアモン像は、永井豪の『デビルマン』の影響もあって、精悍なイメージがあるが、元はあまり力強い姿ではなかった。

悪魔のランク

皇帝	ベルゼブブ
王	バエル、アスモデウスなど
公爵	アスタロト、ゴモリーなど
侯爵	アモン、フェニックスなど

上記はヨハン・ヴァイヤーの階級。悪魔の階級は、多数あり、しかもそれらは一致していない。トップの名前すら違う階級リストがいくつもあるのだ。

関連項目

● アメン・ラー→No.025

第1章 ● 火の精霊と火の神

No.029

No.030
ミカエル

Michael

神が創った天使たちにも、属性があるとされる。その中で、炎の天使と呼ばれるミカエルとは、いかなる天使か。

●四元素の天使たち

　四大天使の1人。他にはウリエル、ガブリエル、ラファエル。彼らには、それぞれ地水火風が当てはめられており、ミカエルが火の天使とされる。ただし、この分類は後世のもので、初期キリスト教にこのような区別は無い。

　ミカエルは、その名の意味「神に似たる者は誰か」にふさわしく、神が最初に創った天使にして、最強の戦士であるとされる。「ヨハネの黙示録」においても、竜（サタン）との戦争のときには、善の天使の指揮官としてサタンを打ち負かした。

　このように、重要な天使であるにもかかわらず、ミカエルの地位は低い。天使の地位は、上から熾天使・智天使・座天使・主天使・能天使・力天使・権天使・大天使・天使と9階級あるが、ミカエルは下から2番目の大天使でしかない。これは、その働きと力にふさわしくない。

　実は、キリスト教の初期には天使の階級は、これほど整備されていなかった。特に、上級の天使階級は5世紀頃に後付で作られたもので、最初は天使と大天使の2階級しか無かったからだと言われる。

　この2階級で考えれば、ミカエルは上級の天使であり、神が上位の天使としてミカエルを創ったと考えると、ミカエルの能力と地位がつりあう。

　彼は、最も高潔にして公正な天使として知られており、例えば、神が70人の天使たちに、それぞれ国を割り当て、その国の守護天使となるよう命じたとき、他の69人の天使は仕事を疎かにし、ついにはその国同様堕落してしまった。だが、イスラエルの守護天使であるミカエルだけは仕事を全うし、イスラエルの民を神への道に背かせなかった。

　ちなみに、バアルなどのイスラエル周囲の民族の神は、天使が人々から崇められるのに増長して、堕落し悪魔となったものだという。後に彼らは、サタンの配下となり、悪魔の軍団を構成することになる。

低位にして最高の天使

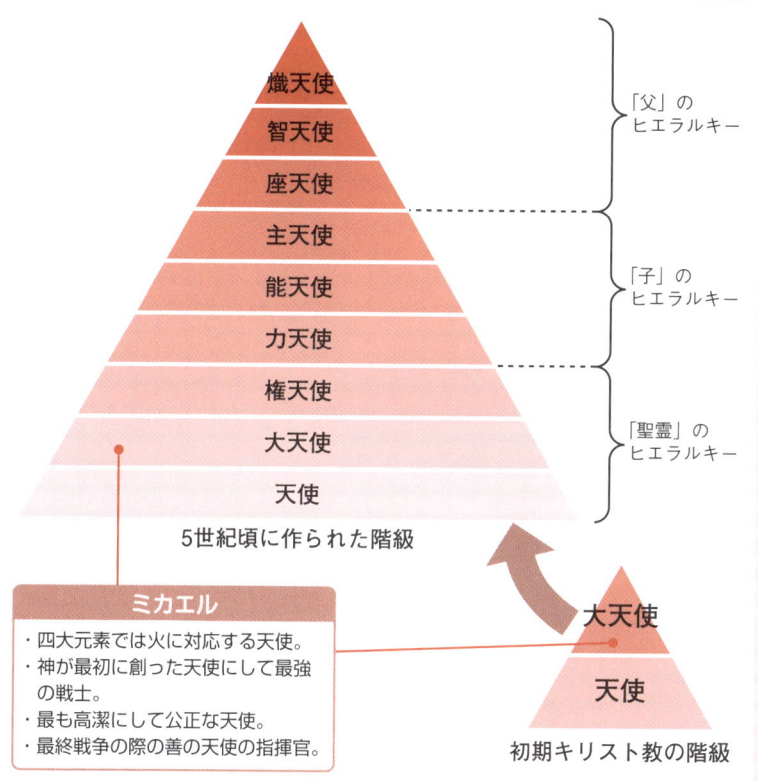

```
      熾天使
      智天使     ┐
      座天使     │「父」の
                 ┘ ヒエラルキー
      主天使     ┐
      能天使     │「子」の
      力天使     ┘ ヒエラルキー
      権天使     ┐
      大天使     │「聖霊」の
      天使       ┘ ヒエラルキー
```

5世紀頃に作られた階級

ミカエル
- 四大元素では火に対応する天使。
- 神が最初に創った天使にして最強の戦士。
- 最も高潔にして公正な天使。
- 最終戦争の際の善の天使の指揮官。

```
   大天使
   天使
```
初期キリスト教の階級

🔷 神は有能なのか

　考えてみると、神は70人の天使を守護天使に任命したにもかかわらず、そのうちたった1人しか任務をまっとうできていない。

　常識的に考えれば、これは神の創った天使がよほど出来が悪いのか、それとも神によほど見る目が無いのかの、どちらかとしか言いようが無い。

　だが、キリスト教的には、こう考えてはいけないらしい。

　神の計画は深遠であり、その内容は、卑小な人間には理解できない。

　だから、69人の天使が堕落したのも、神の計画の一部であり、それが何故なのかを人間が判定することは不遜なことなのだ。

No.031
ペレ

Pele

火山の神は世界各地に存在するが、それが女神であるのは割と珍しい。ペレは、火山に相応しく情熱的な女神である。

●ハワイの火山の女神

　ハワイ諸島は、火山列島だ。観光客の最も多いオアフ島ではなく、ハワイ諸島で最大のハワイ島には、世界で最も活発に活動している火山がある。それが、キラウエア火山だ。そもそも、キラウエアという言葉自体、ハワイの言葉で「大量に噴出する」という意味なのだから、その溶岩と火山灰の量は想像できるというもの。

　このキラウエア火山の女神がペレだ。

　このペレ、意外にもハワイ出身の女神ではない。かつて、カヒキ（おそらくタヒチのこと）から、兄弟たちと一緒に移住してきたとされる。

　ペレは別に悪神ではないが、性格が激しくはた迷惑なことはなはだしい。

　ハンサムな族長たちが女の子たちと遊んでいると、わざわざ美女に化けて現れ、その寵愛を独占しようとする。心引かれた族長たちも、そのあまりの気まぐれさと怒りっぽさから、美女はペレの化身ではないかと気付き始める。族長たちは、そんなものと付き合っていたら命がいくつあっても足りないと、彼女を遠ざけようとする。もちろん、そんなことを許すペレではなく、彼らを呼びつけ、溶岩の炎で脅す。あまりの怒りに、大地は揺れ、溶岩は噴出し、村々は全滅する。ついに逃げ出した族長たちも、結局溶岩に焼かれて死んでしまう。似たような話が、ハワイ中に広まっている。

　ただし、彼女にも苦手はある。同じハワイ島のマウナケア山の雪の女神ポリアフだ。この山は4000m以上もあるので、山頂には万年雪が積もりスキーができる。ペレと彼女の出会いは、ペレがやはり美女であるポリアフに対抗心むき出しで挑んできたため、戦いになった。マウナケアにも火口を作り、ポリアフのマントは焼け焦げてしまう（万年雪の一部が融けた）。しかし、ポリアフも雪を降らせて対抗し、溶岩は冷たく凍り火口をふさいでしまう。結局、ペレは何度挑んでもポリアフに勝つことはできなかった。

ペレとポリアフ

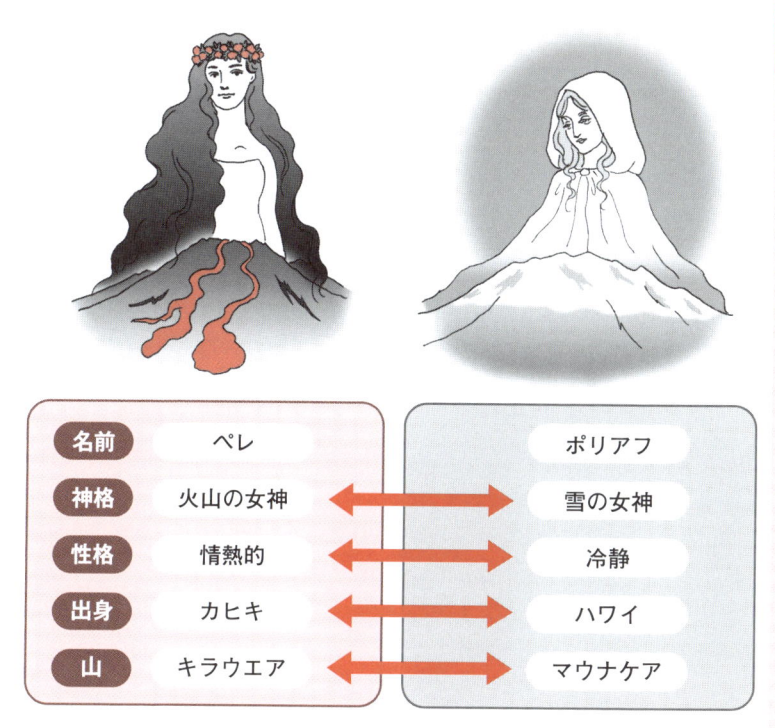

No.031
第1章 ●火の精霊と火の神

名前	ペレ	ポリアフ
神格	火山の女神	雪の女神
性格	情熱的	冷静
出身	カヒキ	ハワイ
山	キラウエア	マウナケア

ハワイ島の山

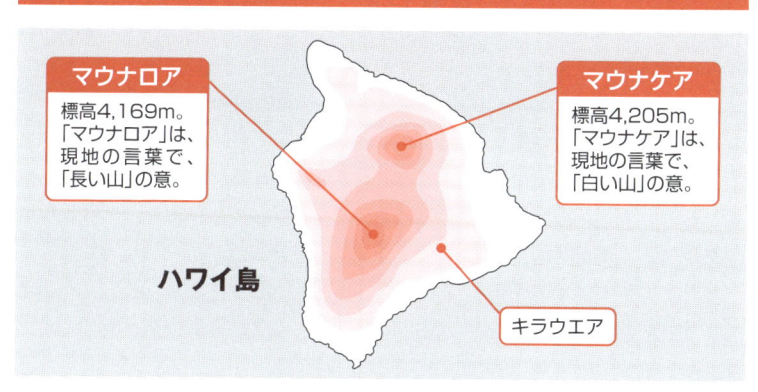

マウナロア
標高4,169m。
「マウナロア」は、現地の言葉で、「長い山」の意。

マウナケア
標高4,205m。
「マウナケア」は、現地の言葉で、「白い山」の意。

ハワイ島

キラウエア

No.032
ヘパイストス

Hephaistos

ギリシャの火山の神にして、鍛冶の神。生まれはいいのに、今ひとつ幸薄い神である。

●不具の火の神

　ギリシャ神話に登場する火山の神。後には、炎と鍛冶の神ともなった。ローマ神話ではウルカヌスと呼ばれ、これが英語になってヴァルカンになった。すなわち、火山を意味するヴォルケイノの元になった言葉である。

　ゼウスとその正妻ヘラの息子（ヘラが1人で生んだという説もあり）ではあるが、生まれた子供は足の曲がった醜い子供だった。ヘラは、わが子に怒り、天から地上に投げ捨てた。これによって、曲がった足はさらに傷つき、足が不自由になってしまった。

　後に、彼はヘラに豪奢な黄金の椅子を贈る。それに座ると、見えない鎖が縛り付けてヘラは動けなくなってしまった。神々ですら、ヘラを解放することができなかった。ヘパイストスは、オリュンポスに招かれ、ヘラに息子と認められ、ようやく彼女を解放することを約束した。

　ヘパイストスの妻はアフロディテであるが、浮気者の彼女は、ハンサムな軍神アレスなどと浮気を繰り返した。空から全てを見る太陽神**ヘリオス**から、このことを教えられたヘパイストスは、出かける振りをして、浮気者たちがベッドに入ると、大きな網で捕らえてしまった。そして、神々を招待して、彼らを笑いものにした。

　ヘパイストスは、神々の宮殿を作るなど、その鍛冶の力で有名である。レムノス島に**キュクロプス**たちを助手に工房を持っており、ゼウスの雷、ポセイドン（海神）の三叉の矛、ハデス（冥府の神）の隠れ帽子なども、彼の作品である。また、人間の英雄にも武具を作ってやることが多く、アキレウスの鎧やアイネイアスの武器も作った。

　また、人類を罰するために、世界最初の女パンドラを作ったのも、ヘパイストスである。パンドラは、人類に味方しすぎる**プロメテウス**を罰するために、その弟のエピメテウスに与えられた。

火山の語源

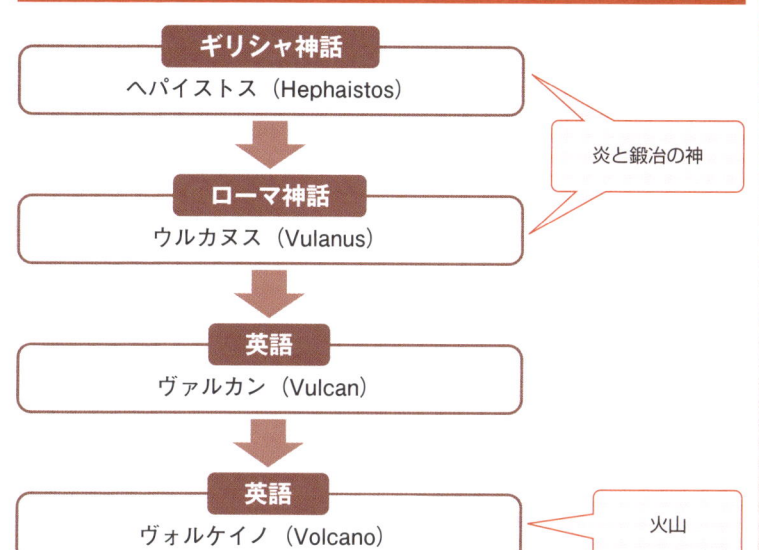

```
ギリシャ神話
ヘパイストス（Hephaistos）
    ↓
ローマ神話
ウルカヌス（Vulanus）
    ↓
英語
ヴァルカン（Vulcan）
    ↓
英語
ヴォルケイノ（Volcano）
```

- 炎と鍛冶の神（ヘパイストス・ウルカヌス）
- 火山（ヴォルケイノ）

ヘパイストスの作品

ヘパイストスの工房
- 助手：キュクロプス
- 場所：レムノス島
- （ギリシャ）

作品：
- 神々の宮殿
- 神々の武器
- 英雄の武器
- 最初の女パンドラ

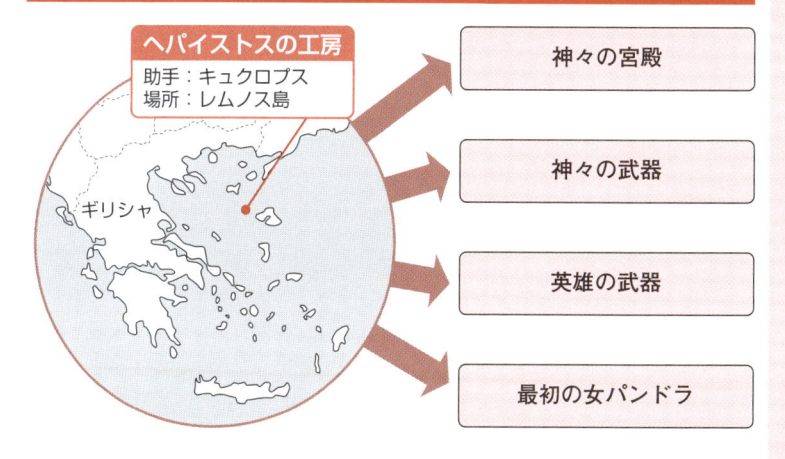

関連項目
- ●ヘリオス→No.024
- ●キュクロプス→No.034
- ●プロメテウス→No.036

No.033
ヘスティア

Hestia

家系的に重要な地位にいる割に、神話の少ないヘスティア。だが、家庭と健康の守り神としては、平穏無事なほうが良いのかもしれない。

●神話の少なさと信仰の深さと

ギリシャ神話の竈(かまど)の女神。ローマ神話ではウェスタ（Vesta）と呼ばれる。

クロノスとレアの間に生まれた長女で、ゼウスたちの姉に当る。だが、クロノスは、自分の子供を生まれると次々丸呑みにしてしまった。それを末子のゼウスが救い出したが、最初に呑まれたヘスティアは、最後に出てくることになったため、兄弟の長子でありながら最も若い女神となった。

オリュンポス十二神の1柱であり、しかもその最年長者である。にもかかわらず、ヘスティア固有の神話は、ほとんど存在しない。

夫も子も無い処女神で、ポセイドンや**アポロン**の求婚にすら応じず、ゼウスに永遠に処女を護る許しを願い、かなえられた。こうして、彼女はエロスの矢に悩まされることの無い処女神となった。

アテナ、アルテミスとともに、ギリシャ三大処女神の1人でもある。このような重要な女神であるにもかかわらず、アテナやアルテミスの神話の多さに比べて、ヘスティアの神話の少なさは、それはそれで特筆すべきである。

このように、影の薄い女神であるにもかかわらず、ギリシャ人の生活の中で、ヘスティアは非常に重要な地位を占めている。

竈は、ギリシャの家の中心にあり、常に家の中心を占める女神として、家庭の保護女神として、大いに信仰された。

また、長子にして末子であるヘスティアは、ギリシャ人が宴会を始めるとき、必ず最初に杯を捧げられ、宴の最後にも杯を捧げられる。さらに、神々に生贄を捧げるとき、最初と最後の部分をヘスティアが得ることができる。

ちなみに、ヘスティアの聖獣はロバである。昼寝をしているヘスティアを、庭園の神プリアポスが襲おうとしたとき、思いっきり嘶(いなな)いて彼女の危機を救ったからだ。ちなみに、プリアポスはその恨みがあり、ロバを生贄に捧げられると喜んだという。

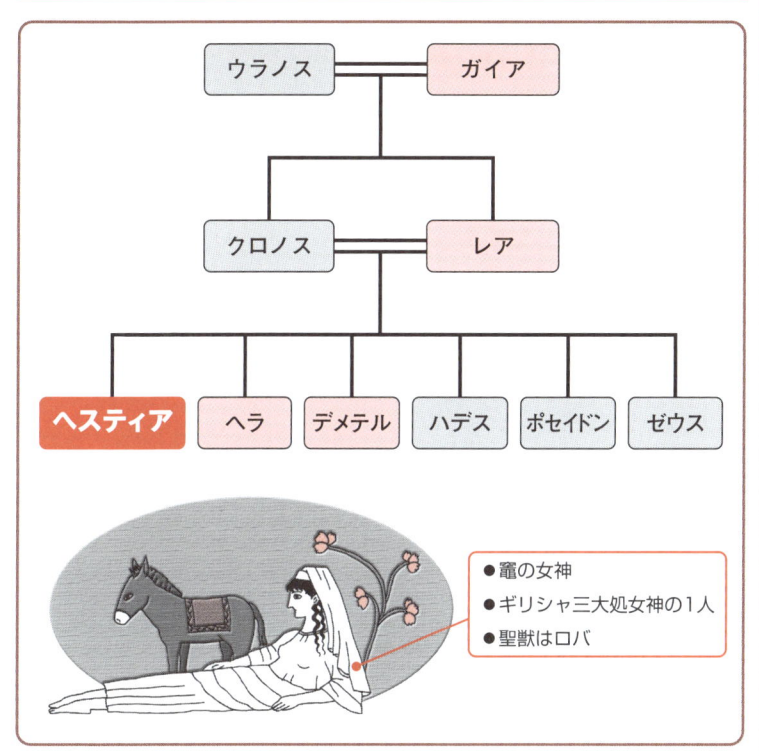

ヘスティアの系譜

```
        ウラノス ═══ ガイア
                │
         ┌──────┴──────┐
        クロノス ═══ レア
                │
    ┌──────┬──────┬──────┬──────┬──────┐
 ヘスティア  ヘラ  デメテル ハデス ポセイドン ゼウス
```

- 竈の女神
- ギリシャ三大処女神の1人
- 聖獣はロバ

❖ ヘスティアの救出

　レアは、ヘスティアを筆頭にクロノスの子供たちを産んだが、わが子が自分を倒して神々の王に就くとの予言を恐れたクロノスは、生まれた子供を次々と丸呑みした。あまりのことに、レアはゼウスが生まれたとき、代わりに石を呑ませて彼を救った。そして、成長したゼウスは、クロノスに自分の兄弟たちを吐き出させて助けた。呑み込んだ逆順に出てきたので、最初に生まれたヘスティアが、最後に生まれたことになってしまったわけだ。

関連項目
- アポロン→No.014

No.034
キュクロプス

Cyclopes

ギリシャ神話に登場するキュクロプスは一つ目の巨人族で、その不気味な姿から、怪物扱いされることが多い。だが、事実は異なる。

●神にして巨人にして鍛冶屋

　キュクロプスの始祖は、ブロンテス（雷鳴）、ステロペス（稲光）、アルゲス（閃光）の三兄弟である。普通は、英語風発音のサイクロプスという名で知られている。その名の通り、雷の巨人である。

　キュクロプスは、一つ目の巨人という恐ろしい姿のため、ゲームなどではモンスターとして登場することが多い。だが、実際のキュクロプスは、怪物などではない。ウラノス（天空の男神）とガイア（大地の女神）の子孫で、その意味ではクロノス（前の主神、時間の神）の兄弟で、ゼウス（オリュンポスの最高神）の叔父に当る由緒正しき巨人を始祖に持つ一族だ。

　生まれてすぐに、ウラノスによってタルタロス（ギリシャ神話の地獄。キリスト教は、地獄を作ったときにこの名前を借りた）に放り込まれたブロンテスたちは、ゼウスによって助け出され、ティターン神族とオリュンポス神族の戦いにゼウス方で参戦する。そして、敗北してタルタロスに叩き込まれたティターン神族が逃げ出さないように、タルタロスの番人となっている。

　また、彼らは熟練の鍛冶であり、数々の神々の道具を作り出したことでも知られる。中でも名高いのは、ゼウスの雷、ハデス（冥府の神）の隠れ帽子、ポセイドン（海神）の三叉の矛である。

　だが、この中のゼウスの雷を作り出したことで、キュクロプスは災難にあう。**アポロン**の子アスクレピオスは、ケンタウロスの賢者ケイローンに学び、優れた医者になった。あまりに優れ過ぎて、死んだ人間を生き返らせてしまうほどだった。ところが、これが神々の禁忌に触れたため、アスクレピオスはゼウスの雷によって殺されてしまう（死後は医療の神となったのだが）。

　アポロンはこの仕打ちに怒ったが、さすがに自分の父でもあるゼウスに恨みをはらすわけにもいかない。そこで、雷を作ったキュクロプスを殺して、意趣返しをした。無関係な逆恨みで殺されたキュクロプスこそ災難であろう。

神々としてのキュクロプス

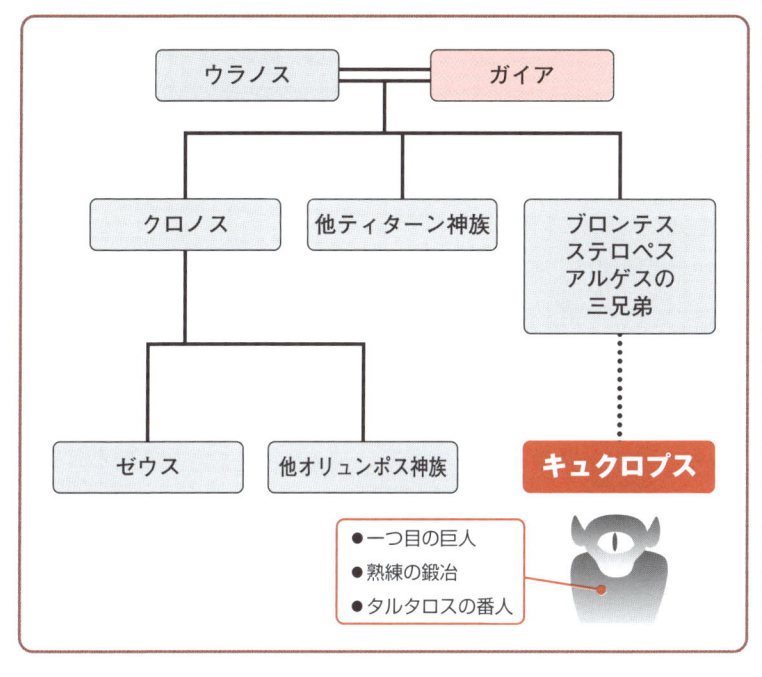

```
        ウラノス ═══ ガイア
            │
   ┌────────┼────────────┐
  クロノス  他ティターン神族  ブロンテス
   │                      ステロペス
   │                      アルゲスの
   │                       三兄弟
   │                         ⋮
   ┌────┴────┐              ⋮
  ゼウス  他オリュンポス神族  キュクロプス
```

- 一つ目の巨人
- 熟練の鍛冶
- タルタロスの番人

神話では、巨人と神々の区別が明確になっていないものが多い。北欧神話のような有名なものから、ポリネシアの島々の神話まで、巨人が神々の役を果たしたり、神々が巨人であるような神話は数限りない。ギリシャ神話も、同様なのだ。

❖ 間違えやすいキュクロプス

キュクロプスは、大変間違えやすい言葉らしく、キュプロクスとかキュプロスとか、間違えて覚える人も多い。

サイクロプスは、サイプロクスなどといった間違いをする人がほとんどいないのに不思議だ。

関連項目
- アポロン→No.014
- ヘパイストス→No.032
- プロメテウス→No.036

No.035
ヘルハウンドとケルベロス

Hellhound and Cerberus

地獄の犬ヘルハウンド。そして、冥府の番犬ケルベロス。犬の怪物は全世界で見られるが、これらの特徴はなんだろうか。

●火を吐く犬

　ヘルハウンドは、イギリスの伝説的怪物だ。子牛ほどもある巨大な犬で、全身真っ黒、目は地獄の炎のように赤い。たまに、全身真っ赤に描かれる場合もある。赤からの連想だろうか、口から火を吐くと言われることもある。

　一部の地域では、妖精の一種とされ、子供の守護神とされることもある。

　しかし、ほとんどのところでは、ヘルハウンドは悪魔の化身とされ、その姿を見ただけで命を落とすことになる。

　けれど、吸血鬼と同様、流れる水を渡ることができないので、ヘルハウンドに追われた場合には、川の向こう岸に逃げると逃れることができる。

　犬の怪物では、これまた地獄の番犬であるケルベロスも有名だ。ギリシャ神話に登場する怪物だが、現在ではヘルハウンドとケルベロスは混同されて、同じものだと思っている人も多い。

『神統記』では、ケルベロスは「冥府の、青銅の声持つ番犬で、50の首を持つ」と書かれるが、多くのギリシャ神話では、三つ首の犬で、尾は竜、背には無数の蛇の首が生えているという。

　いずれのケルベロスも、地獄の門を守護しており、口からは炎を吐く。

　ケルベロスは地獄の番犬なので、地獄に行く英雄たちは、常にケルベロスを制圧しなければ、目的を果たすことができない。このため、様々な神話に対ケルベロス物語が語られている。

　ヘラクレスは、その12の難業の最後に、地獄からケルベロスを連れ出している。彼は、ケルベロスの首を両腕で抱えて締め上げ、尻尾の竜の首に噛まれても我慢し、ケルベロスが降参するまで、締めるのをやめなかった。

　また、オルフェウスは、妻に会うために地獄へと下ったが、楽師である彼がケルベロスと戦って勝てるはずも無い。だが、彼はその音楽の才で、ケルベロスを眠り込ませて、その隙に地獄の門を通り抜けた。

犬の怪物たち

ヘルハウンド

悪魔の化身とされる、イギリスの伝説的な犬の怪物。

ケルベロス

ギリシャ神話に登場する、地獄の門を守護する犬の怪物。

キ・ドゥ

フランスのブルターニュ地方で知られる、冥界で人間のそばにいるとされる犬の怪物。

スキュラ

ギリシャ神話に登場する、女性が変身させられた犬の怪物。

物体X犬

映画『遊星からの物体X』に登場する、宇宙生物のとりついた犬。

No.036
プロメテウス
Prometheus

ギリシャ神話では、人間に火を与えてくれたのは、巨人プロメテウスだという。このため、彼は大いなる罰を受ける。

●人類を造った巨人

　ギリシャ神話において、プロメテウスほど人間の味方だった存在は無い。その理由として、彼こそがゼウスの命を受けて人間を作ったからだという。

　ヘシオドスの『神統記』によれば、神々と人間が捧げ物の分配でいさかいを起こしたとき、プロメテウスは牛を解体して、ゼウスの前には、牛皮の上に置いた胃袋を差し出した。そして、人間の前には、つやつやとうまそうな脂肪を差し出した。この分配にゼウスは怒り、プロメテウスに文句を付けた。プロメテウスは、「あなたがお命じになるほうを、どうかお取り下さい」と答えた。ゼウスは脂肪を取った。

　だが、胃袋の中には肉と脂肪のたっぷり乗った内臓が入っており、つやつやした脂肪の中身は骨だった。このことから、人間は神々に骨を焼いて捧げればよくなった（『神統記』では、ゼウスは知っていて脂肪を選んだとあるが、これは眉唾であろう）。

　だが、これに怒ったゼウスは人間に火を与えようとはしなかった。そこで、プロメテウスは、ウイキョウの茎（中空である）に入れて火を盗み出し、人間に与えた。

　この咎によって、プロメテウスはカウカソス山に縛り付けられ、毎日鷲に肝臓を食われるという罰を受ける。食われた肝臓は夜の間に同じだけ生えだすので、苦痛は永遠に続く。この苦しみは、遥か後世になって、ヘラクレスが弓矢で鷲を射落とすまで続いた。さすがに、この頃にはゼウスの怒りも収まっていたらしい。

　ちなみに、この恨みを人間にも晴らすために、**ヘパイストス**に命じてたおやかな乙女パンドラを作らせた。だが、この乙女は心に邪悪を秘めていた。人間を破滅させる女性は、このようにして生み出された。

郵便はがき

料金受取人払

神田局承認

3032

差出有効期間
平成21年2月
19日まで

101-8791

(受取人)

513

東京都千代田区
神田錦町3-19
楠本第3ビル4F

株式会社 **新紀元社** 行

●お手数ですが、本書のタイトルをご記入ください。

●この本をお読みになってのご意見、ご感想をお書きください。

愛読者アンケート

小社の書籍をご購入いただきありがとうございます。
今後の企画の参考にさせていただきますので、下記の設問にお答えください。

● **本書を知ったきっかけは？**
　□書店で見て　□（　　　　　　　　　　　　）の紹介記事、書評
　□小社ＨＰ　□人にすすめられて　□その他（　　　　　　　　　　　）

● **本書を購入された理由は？**
　□著者が好き　□内容が面白そう　□タイトルが良い　□表紙が良い
　□資料として　□その他（　　　　　　　　　　　　　　　　　　　）

● **本書の評価をお教えください。**
　内容：□大変良い　□良い　□普通　□悪い　□大変悪い
　表紙：□大変良い　□良い　□普通　□悪い　□大変悪い
　価格：□安い　□やや安い　□普通　□やや高い　□高い
　総合：□大変満足　□満足　□普通　□やや不満　□不満

● **定期購読新聞および定期購読雑誌をお教えください。**
　新聞（　　　　　　　　　　　）　月刊誌（　　　　　　　　　　　）
　週刊誌（　　　　　　　　　　　）　その他（　　　　　　　　　　　）

● **あなたの好きな本・雑誌・映画・音楽・ゲーム等をお教えください。**

● **その他のご意見、ご要望があればお書きください。**

ご住所	都道府県	男女	年齢　歳	ご職業（学校名）
お買上げ書店名				

新刊情報などはメール配信サービスでもご案内しております。
登録をご希望される方は、新紀元社ホームページよりお申し込みください。

http://www.shinkigensha.co.jp/

人類の恩人にして悲劇の人

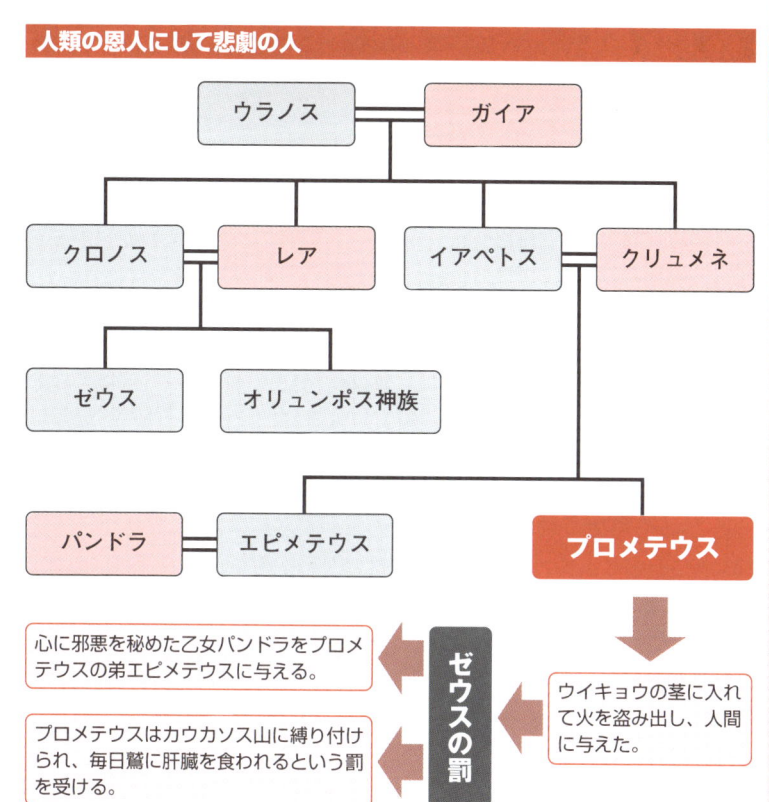

```
         ウラノス ━━ ガイア
              │
     ┌────────┴────┬────────────┐
   クロノス ━━ レア    イアペトス ━━ クリュメネ
       │                   │
   ┌───┴────┐          ┌───┴────┐
  ゼウス  オリュンポス神族        
                           │
              ┌────────────┴────┐
        パンドラ ━━ エピメテウス   **プロメテウス**
```

ゼウスの罰

← 心に邪悪を秘めた乙女パンドラをプロメテウスの弟エピメテウスに与える。

← プロメテウスはカウカソス山に縛り付けられ、毎日鷲に肝臓を食われるという罰を受ける。

プロメテウス → ウイキョウの茎に入れて火を盗み出し、人間に与えた。

❖ プロメテウスの悲劇性

　プロメテウスが拷問を受けたのには、もう一つの理由があった。彼には予言の力があり、「テティスが結婚すると、父よりも優れた子を産む（だから、ウラノスやクロノスのようにゼウスもまたその地位を奪われる）」という予言を黙っていた。テティスは、ゼウスとポセイドンに、妻にと望まれていた。
　だが、残念ながら、別の予言の神プロテウスによって、秘密は明かされ、ゼウスはテティスを諦め、テティスは人間を夫とすることになった。

関連項目
●ヘパイストス→No.032

No.037

祝融
Zhurong

中国の神話は明確ではないが、一応多神教であり、それらの中には、火の神に相当するものもいる。

●星回りの悪い中国の火の神

　中国の伝説に登場する火の神が祝融である。黄帝に仕えているが、元々は、炎帝つまり神農氏の子孫である。『山海経』の中の「海内経」に、その系譜が載っている。

　祝融は、人面獣身の神で、女媧が壊れた世界を修繕し、世界を平和にした後で、地上に現れた。そして、江水（揚子江）のほとりに住んだという。

　ところが、祝融が何をしたのかというと、全く判らない。炎帝（4代の先祖に当る）とともに中国南方1万2000里の支配者であったという説もあるが、定かではない。

　だが、この炎帝の黄金時代も終わり、戦乱の時代が来る。このとき、争っていた片方が、祝融の子である共工なのは確かだが、敵方がよく判らない。神農氏（共工も神農氏の1人であるのだが）だという説もあるし、祝融との親子戦争だという説すらある。

　さて、祝融の事跡として知られているのはもう一つある。これも、「海内経」にあるのだが、鯀を殺したことだ。鯀は黄帝の孫に当る。

　地上の人間が正道を外れたので、洪水を起こして滅ぼしてしまおうと天帝が決めた。だがこのとき、鯀は帝の息壌（無限に増殖する土である。黄帝は土の性質を持つので、このような宝を持っていたのだろう）を盗み出し、それで堤防を作って人間を救おうとした。そこで、帝の命令で祝融が鯀を羽山の郊野に殺させた。

　だが、鯀は蘇り、禹を産ませた。そして、後に禹が中国の治水を成し遂げ、父の無念を晴らしたのだ。そして、人間は滅びることなく、現在まで繁栄し続けている。

　ここでは、祝融は物分りの悪い天帝の手先として、人間を救う英雄である鯀を殺す悪役を振られている。

中国の火の神の系譜

祝融

- 中国の火の神
- 人面獣身
- 人間を救おうとした鯀を殺させた逸話が有名

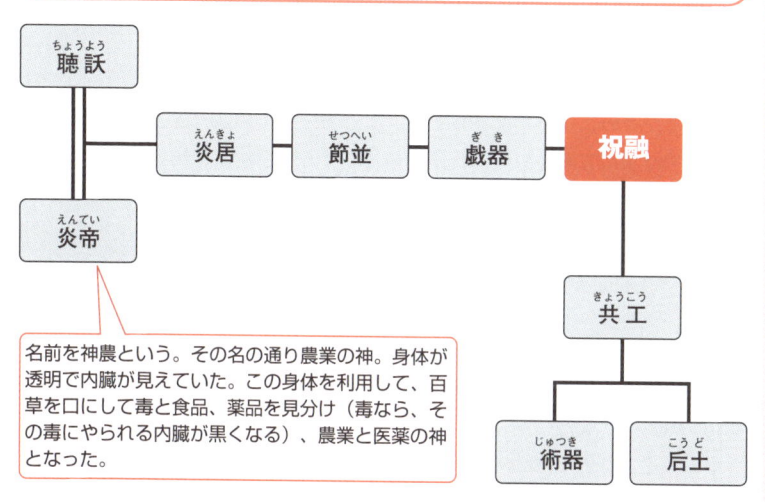

```
聴訴(ちょうよう)
  ├─ 炎居(えんきょ) ─ 節並(せつへい) ─ 戯器(ぎき) ─ 祝融
  └─ 炎帝(えんてい)                                    │
                                                    共工(きょうこう)
                                                      ├─ 術器(じゅつき)
                                                      └─ 后土(こうど)
```

炎帝：名前を神農という。その名の通り農業の神。身体が透明で内臓が見えていた。この身体を利用して、百草を口にして毒と食品、薬品を見分け（毒なら、その毒にやられる内臓が黒くなる）、農業と医薬の神となった。

❖ もう1人の祝融

　祝融というと、神の祝融よりも有名なのが、『三国志演義』に登場する祝融夫人である。おそらく、（南方を司る神である）祝融の子孫というイメージを与えるため、この名前で登場させたのだろう。
　彼女は南蛮の王孟獲の妻で、飛刀（投げナイフ）の達人であった。実際に強く、馬忠（関羽たちほどではないにせよ、蜀の勇将の1人）を負傷させて捕らえてしまうほどだ。
　だが、さすがに諸葛亮には勝てず、7度戦って7度捕まり、7度許されて7度解放された。この恩義から、夫婦共に蜀に忠誠を誓ったという。
　ただし、こんな都合の良い話が、そうそうあるわけが無い。実は、祝融夫人は正史三国志には登場しない（孟獲は本文ではないが、注釈部分に登場する）。おそらく、物語上の架空の人物である。

No.038
竈神（中国）
ツァオ シェン
Zaoshen

竈の神は、世界中どこででも、その家の主婦によって崇拝されてきた。中国でも、それは例外ではない。

●夫婦で火を守る神

　竈や囲炉裏などのように、火を使う場所で祀られている神を竈神と言う。もちろん、このような神は世界中にいて、ギリシャ神話の**ヘスティア**のように、地味ながらも家庭生活に必須の神として、広く信仰を集めている。

　中国の竈神は、古代の火の神**祝融**が、それぞれの家の竈神に化身しているという説もあるが、珍しいことに竈神は夫婦だという話もある。

　昔、張単と丁香という夫婦がいた。妻は働き者で気立てが良く、家はだんだんと豊かになった。だが、張単は遊女に入れあげて、妻を追い出してしまう。丁香は家を追い出されたが、別の家の妻になり、彼女の功徳のおかげでそちらの家は栄えた。ところが、元の夫は放蕩の末、家は没落し遊女にも去られ、物乞いとなっていた。

　あるとき、落剥した張単は、それとは知らずに元の妻の家の前に立った。丁香は元の夫を見て、家に上げ、食べ物を与えてやった。最初は気付かなかった張単も、丁香に言われて、立派な家の夫人が元の妻であることに気付き、自分の身を恥じて、竈に飛び込んで焼け死んでしまった。

　こうして、焼け死んで悔い改めた張単は竈神となり、丁香はその妻になった。そして、人々はこの2人の姿を描いて、竈神として祀るようになった。

　彼（とその妻）の役目は、その家のありさまを細かく調べ、年に1度天上界に報告することである。この結果によって、天の神はその家を護ってやったり、災厄を送りつけたりする。このため、報告の日である旧暦12月23日には、送竈という祭りを行って、竈神を厚遇して良いことを報告してもらおうとする。逆に、悪口を言えないようにするため、竈神の像に飴を塗りつけることもある。こうすると、飴で口が引っ付いてしまい、悪口を言うことができないのだ。

　日本でも、各地で、よく似た話が残っている。

夫婦で神をする

張単（夫）と丁香（妻）という夫婦がいた。

↓

丁香は張単に追い出される。

↓

張単は落ちぶれ、物乞いになる。　　丁香は別の家の妻になり、裕福になる。

↓

知らずに丁香の家にきた張単を丁香はもてなす。

↓

張単は恥じて竈に飛び込んで死ぬ。

↓

2人を竈神として祀るようになる。

竈神神話の分布

この神話・民話は、中国・日本・ベトナムなどに広く分布している。しかし、この神話の扱いは、各地で違う。

中国
男や女の名前は、各地で微妙に異なるものの、2人が竈神になる点では、一致している。

日本
竈神とは関係のない民話となっている。そして、元妻は夫を祀ったというだけで、神になったりはしない。

ベトナム
元夫婦だけではなく、妻の今の夫も一緒に神になり、3柱の神となっている。

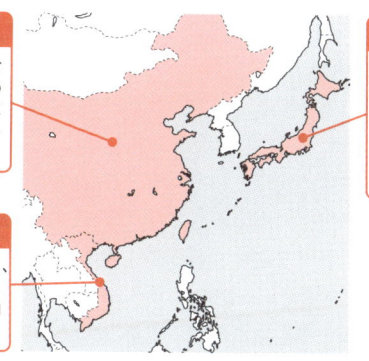

関連項目
- ヘスティア→No.033
- 祝融→No.037
- 竈神（日本）→No.039

No.039

竈神(かまどがみ)(日本)

竈神の異名は多い。それだけどんな地域にも、竈神に相当する神がいることを表している。

●竈を守る異形の神々

　日本では、家とは竈(かまど)のことである。竈の周りに、壁や屋根や床を作って、それが家となっている。だから、戸数のことを「竈数」と言うし、分家することを「竈分け」と言う。

　だから、竈神は家の神の代表であり、最も重要な神である。それだけに、日本各地に多種多様の竈神があり、統一した説明をすることはできない。それらの中から、いくつか紹介しよう。

　まず、『古事記』に登場する奥津日子神(おきつひこのかみ)と奥津比売神(おきつひめのかみ)は、朝廷の信仰も篤い竈の神である。

　中国地方以西では、荒神(こうじん)としての竈神がある。本来の姿は荒ぶる神であり、いわゆる祟り神である。しかし、荒神は、しかるべき祀りを行いさえすれば、人々を護ってくれる神でもある。

　この竈神は、台所を清潔にしておくことを要求する。台所を清潔にし、毎朝1盛の飯と1杯の水とを供えておくことで、強力な守護神となる。

　それに対し、東北地方では竈神は醜い男である。別名「カマ男」「火男」「カマジン」などとも呼ばれ、木や土器で作った醜い男の面を竈の近くの柱にぶら下げて、竈神とする。

　男ではなく、醜い多産の女だという説や、不具の神だという説もある。

　鹿児島では、紙の御幣を人形のような形にして、壁に張り付ける。

　このように、姿形も様々な竈神であるが、共通点として、竈神は火の神であるとともに、(台所の神であるからして)食料の神でもある。つまり、農業神であり豊作の神でもある。さらにここから発展して、牛馬の守り神、子供の守り神(子供の顔に竈の墨を塗ると、その子は病気にかからなくなるという俗信もある)、家族の守り神へと守備範囲を広げている。

　竈神は台所の神なので、その祀り手は、一家の主婦がほとんどである。

竈神の色々な祀り方

竈神は家の神で最も重要な神。 → 各地で古くから独自に祀られる。 → 日本各地に多種多様な竈神が存在。

竈　神

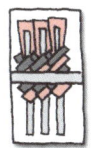

竹串に赤黄青の弊紙がついているもの。

竹串に白い弊紙がついたものを3本並べたもの。三本竈神とも言う。

東北の竈神の面。「カマジン」「火男」「カマ男」などと呼ばれる。

ひょっとこは元々「火男」であり、竈の神だった。

❖ ヒヌカン

　沖縄では、この竈神のことをヒヌカンと言う。ヒヌカンは、日本の竈神と中国の竈神の両方の影響を受けていると考えられている。やはり、台所に祀る神で、昔は石を3個置いてヒヌカンとしたが、現在では香炉を置いてヒヌカンとして祀ることが多い。
　中国の竈神同様に、年に1度、人々の行状を天に報告する。
　ヒヌカン独自の機能として、祈りを他の神に伝えることができる。遠く離れた土地にいても、ヒヌカンに祈れば、その祈りを故郷に伝えてくれる。また、土地神に祈るときでも、まずヒヌカンに祈れば、その内容を土地神にまで伝えてくれるのだ。

関連項目

●ヘスティア→No.033　　　　●竈神（中国）→No.038

No.040
大日如来
Maha Vairocana

大乗仏教（特に密教）において、最も根本となる太陽のすばらしさを表す仏が大日如来だ。

●大乗仏教の太陽神

　仏教において、如来とは、完全に悟りを開き仏になったものを言う（菩薩は、いずれ如来になるだろうが現在は修行中の身である者の呼び名。天や明王は悟りを得ていないが、仏教のために働く者たち）。当然のことながら、最初の如来は、釈迦如来である。その後、何人もの如来が仏教に現れたが、密教の中心仏として、太陽を神格化し如来としたのが、大日如来である。

　通常、如来は一切の装身具を身に着けない（悟りを得ているので、そのような外観に左右されないから）。だが、大日如来だけは例外で、菩薩像（菩薩は悟りを得ていないので、まだ見栄などが残っており、装身具を着けてしまう）で表現される。これは、大日如来が全宇宙そのものを仏としたものだから（だから、密教的には、あらゆる宗教のあらゆる神・悪魔は、全て大日如来の顕現なのだという）、あらゆる要素が入っていることを表現するためだと言われる。

　インドでは、マハー（大きな）・ヴァイローチャナ（広く照らすもの）という名前である。そのため、摩訶毘盧遮那如来というインドでの名前をそのまま移した名前で呼ばれることもある。日天（インド神話の太陽神スーリヤが仏教に取り込まれたもの）がヴァイローチャナと言うので、大日如来は、太陽よりも上位の光の仏であると考えられる。つまり、太陽は昼は輝くけれど、夜は輝かない。しかし、大日如来の光は、いついかなるときでも、どこであろうとも輝いているのだという。

　密教の中心仏なので、曼荼羅の中心に描かれる。曼荼羅には金剛界曼荼羅と胎蔵界曼荼羅があり、合わせて両界曼荼羅と言う。それぞれの曼荼羅では、大日如来のポーズが違う。金剛界では智拳印を結んでいるし、胎蔵界では、法界定印を結んでいる。

仏教の仏の階層

・完全に悟りを開き、仏になったもの。
・完全に悟りを得ているので、装飾品などを必要としない。

如来

菩薩

・悟りを求めて修行中のもの。
・まだ悟りを得ていないため、多少の虚栄心が残っており、様々な装飾品を身につけている。

天

・悟りを得ていないが、仏教のために働くものたち（多くは異教の神々が取り入れられたもの）。
・様々な装飾品できらびやかに身を包んでいる。

大日如来の印

印は、古代インドで手の形で心を表すことがあったことから作られたと言われる。サンスクリット語では「ムドラー」といい、中国にわたって「印」「印契」もしくは「印相」などと訳された。

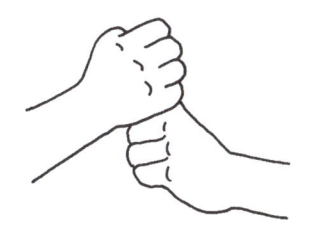

大日如来の智拳印
大日如来の、深き智恵を表す。

大日如来の法界定印
悟りを得て、心が落ち着いていることを表す。

関連項目
●不動明王→No.041
●愛染明王→No.042

No.041

不動明王
ふどうみょうおう

Acalanatha

不動明王は、本来なら山の神なのだが、その光背の形からか、火のイメージを強く持つ。

●密教ができて初めて現れた仏

そもそも明王とは、密教における真言（＝明）が実体化し仏となったもので、密教以外の仏教には明王は存在しない。とはいえ、日本の仏教は、多くの宗派で密教の影響を受けているので、密教寺院以外に不動明王が祀られている例もあるのだが。

ほとんどの明王は忿怒形をしている。これは、救いがたい衆生を救うために、叱りつけてでも仏の道へと導こうとするためだという。また、仏敵や魔を調伏するためであるともいう。明王像が、しばしば赤や青などといった派手な色に塗られていることがあるのは、この怒りの感情の激しさを表わしているという。

このような明王の中で、最も日本で信仰されているのが不動明王である。実は、インドではアチャラナータといい「不動にして尊きもの」という意味の山の神である。だから、空海などは不動明王とは呼ばずに必ず「不動尊」と書いている。

不動明王は、**大日如来**の権化であるとされており、慈悲だけでは救えない衆生を、明王と化して救う。そのため、右手には三鈷剣を持ち、魔を払い、人々の煩悩を断ち切る。また左手には、魔を縛り、人々を救い上げるための羂索というロープのようなものを持っている。また、光背は、迦楼羅という鳥のはく炎で迦楼羅焔といい、人々の煩悩を焼き尽くす。また、多くの仏が蓮の上の座っているのに対し、不動明王は磐石という岩の上に座って（もしくは立って）いる（山の神であった名残だともいう）。確実なことを磐石というのは、不動明王が座っている岩だからである。

日本では、三不動や、成田山新勝寺の不動尊などを代表に、各地で「お不動さん」と呼ばれ信仰されている。この名前は「不動尊」と、「〜さん」という親しみの尊称とが混じったものだと思われる。

怒る神

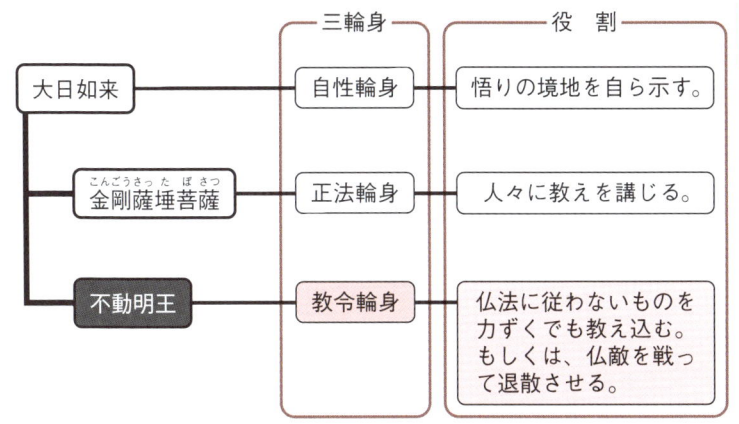

```
                    ┌─ 三輪身 ─┐   ┌─ 役　割 ─┐
  大日如来 ─────────── 自性輪身 ─── 悟りの境地を自ら示す。

  金剛薩埵菩薩
  （こんごうさったぼさつ）───── 正法輪身 ─── 人々に教えを講じる。

  不動明王 ─────────── 教令輪身 ─── 仏法に従わないものを
                                     力ずくでも教え込む。
                                     もしくは、仏敵を戦っ
                                     て退散させる。
```

注：菩薩に関しては、金剛波羅光菩薩、普賢菩薩、般若菩薩など、色々な説がある。

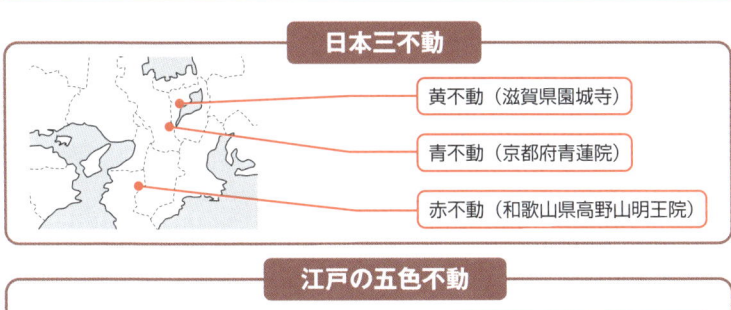

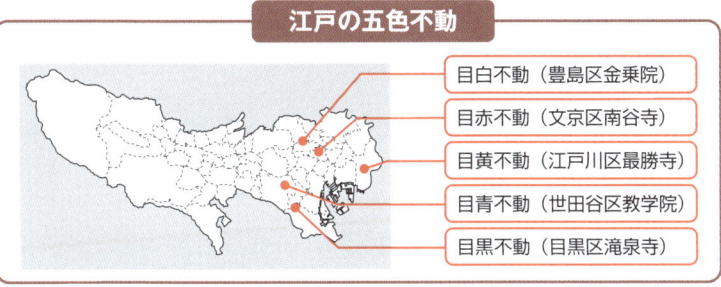

日本の不動明王

日本三不動

- 黄不動（滋賀県園城寺）
- 青不動（京都府青蓮院）
- 赤不動（和歌山県高野山明王院）

江戸の五色不動

- 目白不動（豊島区金乗院）
- 目赤不動（文京区南谷寺）
- 目黄不動（江戸川区最勝寺）
- 目青不動（世田谷区教学院）
- 目黒不動（目黒区滝泉寺）

関連項目

● 大日如来→No.040

No.042

愛染明王
（あいぜんみょうおう）

Ragaraja

愛染明王は、愛欲をもって衆生を救うという、ある意味仏教にあるまじき仏である。

●逆説の仏

愛染明王は、梵字ではラーガラージャと言う。「ラーガ」とは「赤」とか「愛欲」とかいった意味なので、「赤い愛欲」とでもいう意味合いなのだろう。そのため、愛染明王の像は、常に赤く塗られる。また、その光背は、日輪であり、太陽神のイメージもある。

とはいえ、愛染明王はインドでは仏典にも登場しないし、現存する仏像も無いというマイナーな存在だし、中国でも同様だ。日本でのみ、非常に人気のある明王である。

通常の仏教では、愛欲は悪しきものとされ、それを克服することで悟りを得る。ところが、愛染明王の教えは違う。人間の愛欲とは本能であって、それを捨てることは不可能だとする。なぜなら、全ての人が愛欲を捨ててしまえば、もはや新たな子供は生まれず、人間は絶滅してしまうからだ。つまり、特別な誰かが愛欲を捨てることは可能かもしれないが、全ての人が愛欲を捨てるということは絶対にありえないし、あってはならない。

そのことを前提に逆転の発想をして、愛欲を通じてそれを向上心にして、悟りに近づこうとする立場に立つのが愛染明王である。その名の通り、愛の神であり、恋愛成就の神でもある。さらに、後世になると戦勝や降伏の修法まで行うようになった。

愛染明王は一面六臂（顔が一つで腕が6本）、額の中央に第三の目がある。2本の腕に、弓と矢を持っているのは、エロスなどと同じく愛の神だからだ。右手に五鈷杵（ごこしょ）、左手に五鈷鈴（ごこれい）を持っているのは、不浄なものから護ってくれるため。右手の蓮の花と、左手の握り拳は、女性の優しさと男性の強さを表すという。ただし、空いた手は、修法に合わせて得物を持たせる（無病息災なら日輪など）ためだともいう。

その光背は、日輪を表す円相というもので、炎がめらめらと燃えている。

多くの神の集合体

愛染明王は、その出自のはっきりしない仏だ。だが、様々な宗教の神々から、影響を受けているのは確かなようだ。

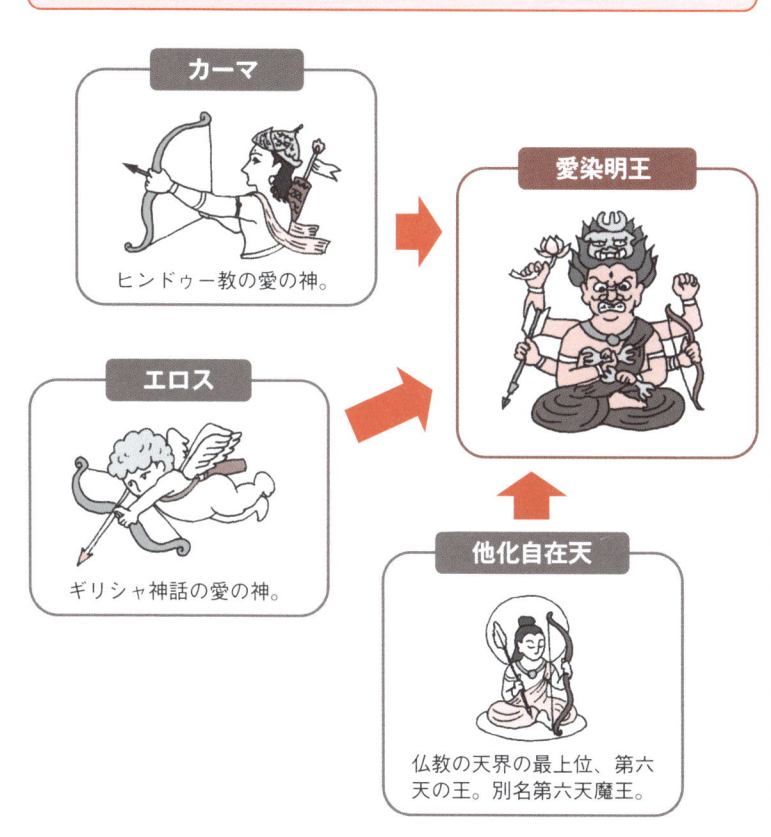

カーマ
ヒンドゥー教の愛の神。

エロス
ギリシャ神話の愛の神。

他化自在天
仏教の天界の最上位、第六天の王。別名第六天魔王。

愛染明王

直江兼続の兜

上杉景勝の股肱の臣と言われる直江兼続の兜は、前立（兜の額のところにつける飾り）に「愛」の一文字が飾られているので有名だが、これは兼続が愛に生きたからではなく、愛染明王を信仰していたしるしだという。

No.043
八百屋お七

放火で死罪となった女性の中で、最も有名なのは八百屋お七だ。恋に狂った女の実像はどうだったのか。

●幼い少女を狂わせた恋

お七は、天和3年（1683年）3月29日に、大森の鈴が森刑場で火焙りになった。まだ、16歳（当時の数え方で、現在ならまだ14歳）だった。昔から、無軌道な十代はいたという、明らかな証拠だ。

その前年の12月28日、天和の大火と呼ばれる大火事があった。お七の一家も、近くの園乗寺へと避難することになった。ところが、ここでお七は、寺の寺小姓（若い僧という説もある）吉三郎（生田庄之助という説もある）に恋をする。ところが、寺にいる人間に若い娘がおいそれと会いには行けない。

そこでお七は自宅に火をつけた。火事になって焼け出されれば、また彼に会えるかもしれないからだ。だが、火事の恐ろしさに気付いてしまった娘は、半鐘を打ち鳴らす。結局、小火ですんだので、ほとんど被害は無かった。

だが、この時代、放火は最大級の犯罪だ。死罪は免れない。

だが、さすがに奉行も、子供のしでかしたことであり、またすぐに火事を知らせたことで、何とか命だけは救ってやりたいと考えた。当時、15歳以下の犯罪は、罪一等を減じるという規定があったので、奉行はお七に、お前は15歳だろうと問うた。だが、お七は自分は16歳だと答え、宮参りの記録まで持ち出した。結局、奉行の気遣いは通じず、お七は火刑に処せられた。

この事実を元に、井原西鶴は『好色五人女』を書き、人形浄瑠璃の『伊達娘　恋緋鹿子』や、歌舞伎の『松竹梅雪曙』などが書かれ、さらには落語の『お七の十』など、数々の作品が作られた。ある意味、江戸時代のメディアミックスと言えなくも無い。

天和の火事は、上のような理由から、お七火事と呼ばれる。このため、天和の大火をお七が起こしたものと誤解している人が多いが、これは間違いなので注意すること。ただそのほうが物語的には派手なので、創作の中には天和の大火をお七が起こしたことになっているものもある。

歌舞伎になった少女

- **天和の大火**
  - お七一家が園乗寺に避難。
  - お七が寺小姓に恋をする。

- **お七の火付け**
  - 火事になれば再度避難できる。
  - 自宅に火をつける。
  - 怖くなって半鐘を打ち鳴らす。

半鐘は火事を知らせる釣鐘。

- **お七の処刑**
  - お七は火付けの罪で火刑になる。

- **創作に**
  - 小説『好色五人女』
  - 人形浄瑠璃『伊達娘恋緋鹿子』
  - 歌舞伎『松竹梅雪曙』

❖ お七の十

さすがに落語だけあって、ちょっとおかしいのが『お七の十』だろう。
この噺では、吉三郎はその後入水して死ぬ。そして、2人は地獄で巡り合い、互いに手を取ると、ジューと音がする。火刑になって熱いお七と入水して冷たい吉三郎が手を取るからジューっと音がするのと、七と三で合わせて十となるのとを、かけた落ちになっている。

関連項目
- 振袖火事→No.084

No.044
ガンダルフの魔法
Magic of Gandalf

『指輪物語』のガンダルフと火が結びついていることを知らない人は、結構多いのではないだろうか。

●魔法使いになった神

　ガンダルフと言えば、『指輪物語』の主役の1人で、世界最強の魔法使いとされる。実は彼は、火の聖霊（小神）の1人が、魔法使いの姿をして現れたものだ。ということは、さぞ強力な火の魔法を使ってくれるものと期待してしまう。

　ところが、このガンダルフ、ちっとも強力な魔法を使ってくれないし、それどころか映画を見た人なら覚えているだろうが、長い剣を振り回して立ち回りまでやっている。

　映画で、ガンダルフが炎を飛ばしているシーンと言えば、ビルボというホビット（小人）の誕生祝に、**花火**を打ち上げているときだけだ。これだって、本物の花火を魔法で操作してかっこよくしているだけに見える。

　映画を見ると明らかで、第1部の見せ場であるはずの**バルログ**との対決のときですら、ガンダルフは防御魔法（？）で炎の剣を防ぐだけだ。

　実のところ、古来よりの魔法とは、目に見えない力のことだった。神話に現れた魔法も、創作で描かれた魔法も、呪い・病気の治癒（一瞬でケガが治ったりはしない）・天候制御などで、目に見える効果はほとんど無い。

　目に見えそうな天候制御でも、魔法使いの手から効果線が伸びているわけではない。天候の変化は目に見えても、魔法使いの技は見えないのだ。

　まあ、考えてみれば当然のことで、もしも魔法が目に見えるものなら、偽魔法使いたちはすぐに正体がばれてしまうので困るではないか。

　また人々も、その効果が見えないからこそ、魔法使いを恐れた。人間は、どんな強力な相手でも、目で見て理解できるものなら、いずれ克服し勝利することができるからだ。

　ガンダルフは、このような古典的魔法使いにファンタジー小説の主役としてアクションを行わせたので、このような奇妙なシーンになったのだ。

魔法使いの姿をした火の聖霊

登場作品

『指輪物語』
『ホビットの冒険』

正体

火の聖霊

J・R・R・トールキンの小説、『ホビットの冒険』、『指輪物語』に登場する世界最強の魔法使い。火の聖霊（小神）の1人だが、作品中では、ちっとも強力な魔法を使ってくれない。

古い魔法と新しい魔法

魔法の種別	目に見える魔法	目に見えない魔法
働き	すぐに効果が出る	すぐには効果が出ない
理解しやすさ	理解できる	理解できない
対処の方法	対処できる	対処できない
イメージ	便利な道具	恐ろしいもの
利用法	ゲームの魔法	古典的魔法

❖ ガンダルフを大統領に

ベトナム戦争末期、ヒッピームーブメントの影響を受けた人々の必読書が『指輪物語』だった。

当時の若者にとって、強力だが使えば使うほど悪に染まっていくサウロンの指輪は、核兵器の象徴に見えたのだろう。そして、指輪を破棄しようとする善の魔法使いガンダルフは、核兵器を廃絶するヒーローと見えたのだ。

反戦集会に参加する若者の中に、「ガンダルフを大統領に」というバッジをつけて行進するものがいたり、大学にポスターが張られたりしたという。

関連項目

●バルログ→No.045　　　　　　　　●花火→No.102

No.045
バルログ
Balrog

トールキンの『指輪物語』の怪物で、最も恐るべきものが、モリア（ドワーフの作った巨大な人工洞窟）に巣食うバルログだ。

●堕落せし神々

　シンダール語（エルフの言葉の一つ）で「力ある悪鬼」を意味するバルログは、邪悪なメルコールに仕える火のマイアール（小神）を、メルコールが悪鬼の姿に作り変えたものだ。低位とはいえ神を作り変えたものだけあって非常に強力で、バルログに勝てるのは竜くらいのものだ。実際、バルログの王ゴスモグは、最も優れたエルフと呼ばれるフェアノールを炎の鞭で一蹴している。メルコールの軍で最強だったのが、バルログの部隊だった。

　バルログは、人間の姿に似せた醜悪な悪鬼で、その肉体は炎と闇からできている。炎のたてがみがあり、鼻の穴からは火を噴いている。そして、その周囲には常に黒雲がたなびいている。

　バルログは斧や棍棒なども使うが、最も恐れられているのが、炎の鞭だ。無数に枝分かれした炎でできており、ヴァラール（大神）ですら滅ぼすことのできなかった大蜘蛛ウンゴリアントを、この炎の鞭で屈服させたほどだ。

　だが、メルコールの敗北とともに、バルログも滅びたと考えられていた。しかし、彼らの一部に、生き延びて眠りについていたものがいた。

　その眠りを、カザド＝ドゥーム（後のモリア）の地下深くでミスリルを採掘していたドワーフたちが目覚めさせてしまった。目覚めたバルログは、ドワーフの王を殺し、オークやトロルを呼び寄せ、モリアからドワーフを追い出して悪の巣窟へと変えてしまった。

　このバルログは、魔法使い**ガンダルフ**によって倒され、地底深くへと投げ落とされた。本来なら、堕落したバルログでは、正しき力を保つガンダルフに勝ち目は無いのだが、実はガンダルフも火のマイアールであったために、ガンダルフの力は、あまりバルログに通じず（火に火をかけても痛痒を感じない）、それゆえ相打ちで、モリアの地下深くへ落ちていくことになった。

　もちろん、本当に強いガンダルフは、後に復活することになるのだが。

キリスト教に似た神々

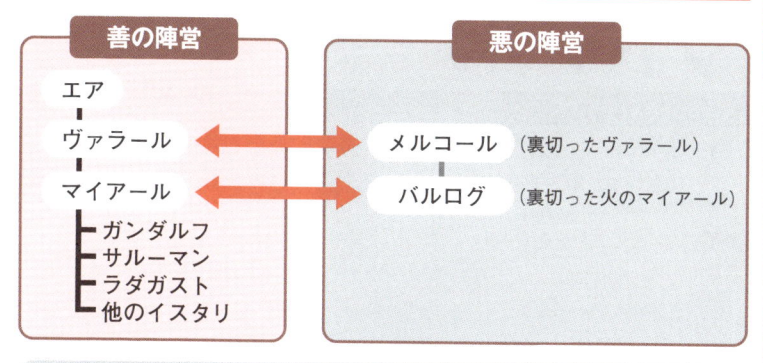

善の陣営
- エア
- ヴァラール
- マイアール
  - ガンダルフ
  - サルーマン
  - ラダガスト
  - 他のイスタリ

悪の陣営
- メルコール（裏切ったヴァラール）
- ＝
- バルログ（裏切った火のマイアール）

ヴァラール ⇔ メルコール
マイアール ⇔ バルログ

神々の構造は、キリスト教に似ている。エアが神で、ヴァラールが大天使、メルコールがサタン。マイアールが天使で、バルログが悪魔たちに相当するのだろう。

モリア

バルログが潜んでいたモリアは、元々はドワーフの王国で栄えていた。だが、現在（『指輪物語』の時代）には、そこに住んでいたドワーフたちは全て滅び、オークやトロルといったものどもが住み、地下深くにはバルログが眠るという恐怖の世界となっている。

❖ 意外と大したこと無いバルログ

映画でこそ、1人で派手な登場をして戦っているバルログだが、小説では、トロルやオークを従えて登場する。それに、その死に様も情けない。橋の上での戦いで、ガンダルフが杖で橋を叩き折ると、崖下へとまっ逆さまに落ちていって、死んでしまう。その時、鞭でガンダルフを絡め取って、共に落ちて行っただけマシというべきだろう。登場してから死ぬまで、わずか数ページしかかからない。本当に、これがマイアールかと思ってしまう。マイアールであっても、悪に染まると、こんなにも力を失ってしまうということなのだろうか。

関連項目

●ガンダルフの魔法→No.044

No.046
クトゥグァ
Cthugha

おぞましいクトゥルフ神話の中で、炎を司るとされる邪神がクトゥグァだ。

●判りやすくなった邪神

　クトゥルフ神話は、H.P.ラブクラフトが作り、多くの後継者によって発展してきた恐怖の神話体系だ。そこには様々な邪神が記されているが、その中の1柱がクトゥグァである。ラブクラフトの友人であり弟子のオーガスト・ダーレスの『アンドルー・フェランの手記』に登場している。

　クトゥグァは、地球から27光年離れた（当時の観測ではそうだった。現在の計測では25.1光年）恒星フォーマルハウトの炎の中に住んでいる炎の邪神である。一説には、恒星の重力圏に封印されているのだともいう。

　その姿は生きた炎の塊で、非常な高温である。その眷属には、炎の精と呼ばれる光の塊のような生命体がいる。フォーマルハウトが地平線上にあるときに、クトゥグァは召喚できるが、その周辺は炎の精が跳梁する灼熱地獄となり、あらゆるものは焼き尽くされてしまう。

　ラブクラフトは、クトゥルフ神話の物語を多数書いたが、それらを体系化するようなことは全くしなかった。クトゥルフ神話の部分は、断片的に暗示されるだけで、また作品間で矛盾も存在したし、それをわざと放置した（そのような、曖昧な状態こそ、恐怖の源泉であると考える人もいる）。

　そこで、ダーレスは、クトゥルフ神話を体系化した。神々を四元論で分類し、また神々も「旧支配者」「旧神」といった分類をした。そして、邪悪な旧支配者を、善き旧神が封印したという善悪の対立構造を持ち込んだ。

　これによって、クトゥルフ神話は理解しやすくなり、多くの追従者を生みだすことになった（これはダーレスの功績である）。だが、理解しやすくなった分、神話の奥行きが失われ、恐怖が薄まったと非難する者も多い。

　というわけで、毀誉褒貶相半ばするダーレスの分類によれば、クトゥグァは火の属性を持つ旧支配者であり、土の属性を持つ旧支配者ナイアルラホテップと対立していることになっている。

クトゥルフの火の神とは

- 恒星フォーマルハウトの炎の中に住んでいる。
- 姿は生きた炎の塊。
- 眷属には炎の精と呼ばれる光の塊のような生命体がいる。
- 召喚するとあらゆるものを焼き尽くす。

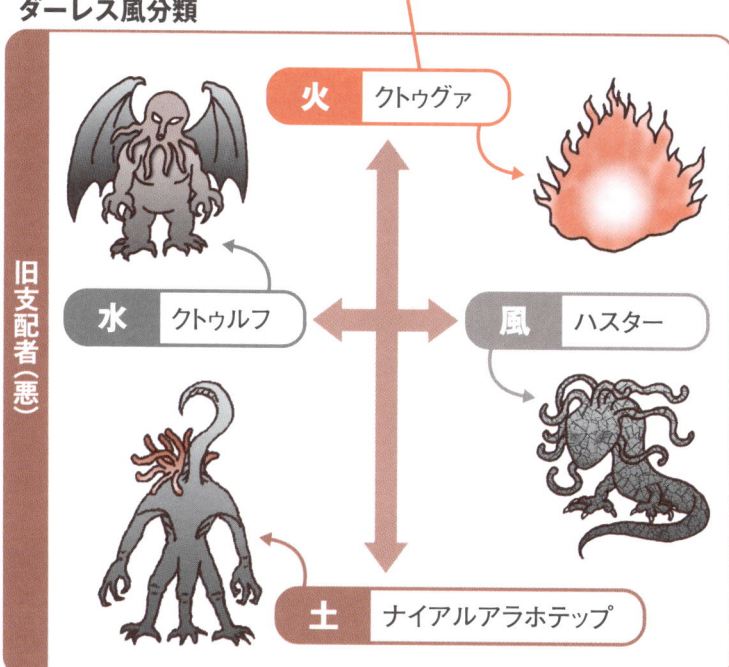

ダーレス風分類

旧支配者（悪）

- 火　クトゥグァ
- 水　クトゥルフ
- 風　ハスター
- 土　ナイアルラホテップ

旧神（善）

ノーデンスなど

No.047
火の鳥
Phoenix by Osamu Tezuka

偉大な漫画家手塚治虫が、フェニックスに想を得て作り出した火の鳥とは、どのような生命体か。

●壮大な火の鳥の物語

日本で最も偉大な漫画家である手塚治虫のライフワークとしても有名なのが、『火の鳥』だ。完結しているものだけでも、エジプト編、ギリシャ編、ローマ編、黎明編、未来編、ヤマト編、宇宙編、鳳凰編、復活編、羽衣編、望郷編、乱世編、生命編、異形編、太陽編と多数あり、他にもシノプシスや構想段階にあったものもいくつかある。

いくつもの編に分かれ、過去と未来を自由に扱う壮大な物語であったが、奇妙なことに現代（もしくはそれに類する時代）を扱うことは無かった。手塚自身の構想では、現代編を描くことで火の鳥は完結するはずだったが、作者の死と共にその完結は永遠に失われた。手塚にこそ、火の鳥の血を飲んで欲しかったと考える読者は多いだろう。

この作品に登場する火の鳥は、100年に1度自らを炎で焼き尽くし、その灰の中から幼生として復活することで永遠に生き続ける超生命体である。また、その血を飲めば、人間は不老不死になれるため、多くの人間が火の鳥を捕まえようと画策するが、滅多に望みがかなうことは無い。

だが実は、火の鳥は、時空を越えて宇宙のあらゆる生命を監視する、超宇宙生命体である。一つの惑星を救うために、別の惑星の生命体を連れて来て婚姻させ、新たな種族を作りだすこともできる。それどころか、未来の生命を、遥かな過去へと連れて行き、生命を生み出させることすら行う。

だが、そのような火の鳥であっても、全知全能ではない。良かれと思って行った行為（例えば、上の新たな種族を作りだすこと）も、結果として無残な失敗（種族の絶滅）に至ることもある。実際、火の鳥は、自身の台詞として、今まで何度も宇宙の絶滅を見てきたことを明かしている。

だが、火の鳥ですら全知全能でないゆえにこそ、この作品が物悲しい傑作になったのではないか。

『火の鳥』の時代背景

火の鳥 → 100年に1度自らを炎で焼き尽くし、その灰の中から幼生として復活することで永遠に生き続ける超生命体。

●『火の鳥』シリーズに描かれた時代

西暦	作品
紀元前	エジプト編・ギリシャ編・ローマ編(ヨーロッパ・古代)
0～1000年	黎明編(日本・古代)①
	ヤマト編(日本・古墳時代)③
	鳳凰編(日本・奈良時代)⑤
	羽衣編(日本・平安時代)⑦
1000年～2000年	乱世編(日本・平安時代末期)⑨
	異形編(日本・戦国時代)⑪
	大地編(日本・日中戦争)※
	現代編(日本・20世紀)※
2000年～3000年	アトム編(日本・20世紀末～21世紀初頭)※
	太陽編(日本・西暦21世紀?)⑫
	生命編(地球・西暦22世紀)⑩
	望郷編(惑星エデン17・西暦23～24世紀のいずれか)⑧
	復活編(地球・西暦25世紀)⑥
	宇宙編(流刑星・西暦26世紀)④
3000年～	未来編(地球・西暦35世紀)②

注1：①～⑫は連載順　注2：※は構想のみ

『少女クラブ』に連載されていたエジプト編、ギリシャ編、ローマ編を除くと、過去と未来を交互に描写しつつ、だんだんと現代へと近づいていく。
ところが、最後の連載となった太陽編だけは特異で、7世紀と21世紀の日本を平行して記述している。

No.048
ハウルと火の悪魔
Devil in "Howl's Moving Castle"

宮崎駿の『ハウルの動く城』とその原作小説『ハウルと火の悪魔』に登場する火の悪魔とはどんなものか。

●アニメになった火の悪魔

　ダイアナ・ウィン・ジョーンズの『ハウルと火の悪魔』は、宮崎駿の手によって映像化され『ハウルの動く城』となった。原題（Howl's Moving Castle）に忠実なのは宮崎駿のほうだ。確かに、『ハウルの動く城』は、火の悪魔こそが物語の肝なので、訳者としては、それを表現したかったのだろう。

　以下の解説は、物語の結末を含むので注意すること。

　ここに登場する火の悪魔は、カルシファーという名前で、魔法使いハウルの城の暖炉にいる。ハウルとの契約で、そこから移動することができないのだ。後半になって、別の家に引っ越すために火の悪魔を移動させるが、それにも細心の注意を払わないといけない。

　この悪魔、悪魔と言うが、元々は流れ星である。それが、地上に落下して死んでしまう前にハウルに捕まって、死んでしまうよりはと契約を交わした。その契約によれば、カルシファーはハウルの心臓を預かり、代わりにハウルに魔力を供給する。こうして、ハウルはより大きな魔力が使えるのだ。

　実は、この物語の敵役である荒地の魔女も、同じ契約を別の流れ星と結んでいる。だが、この契約を結んで長いこと経つと、だんだんと魔法使いも火の悪魔も邪悪になってしまう。このため、カルシファーは、契約を破棄することが、自分にもハウルにもいいことだと、主人公ソフィーに伝える。だが、この契約を破棄するには、他の人に破棄してもらわないといけないらしい。

　ハウルは、荒地の魔女を、ソフィーたちの協力によって、倒すことができた。悪に染まった魔女の火の悪魔は、荒地の魔女の代わりに、ハウルを新たな契約相手に選ぼうとしたが、それも阻止された。

　そして、ソフィーは、自らにあった魔力と、周囲の人々の協力のおかげで、ハウルの契約を破棄することができ、ハウルもカルシファーも自由になって、めでたしめでたしとなる。

流れ星が火の悪魔になる

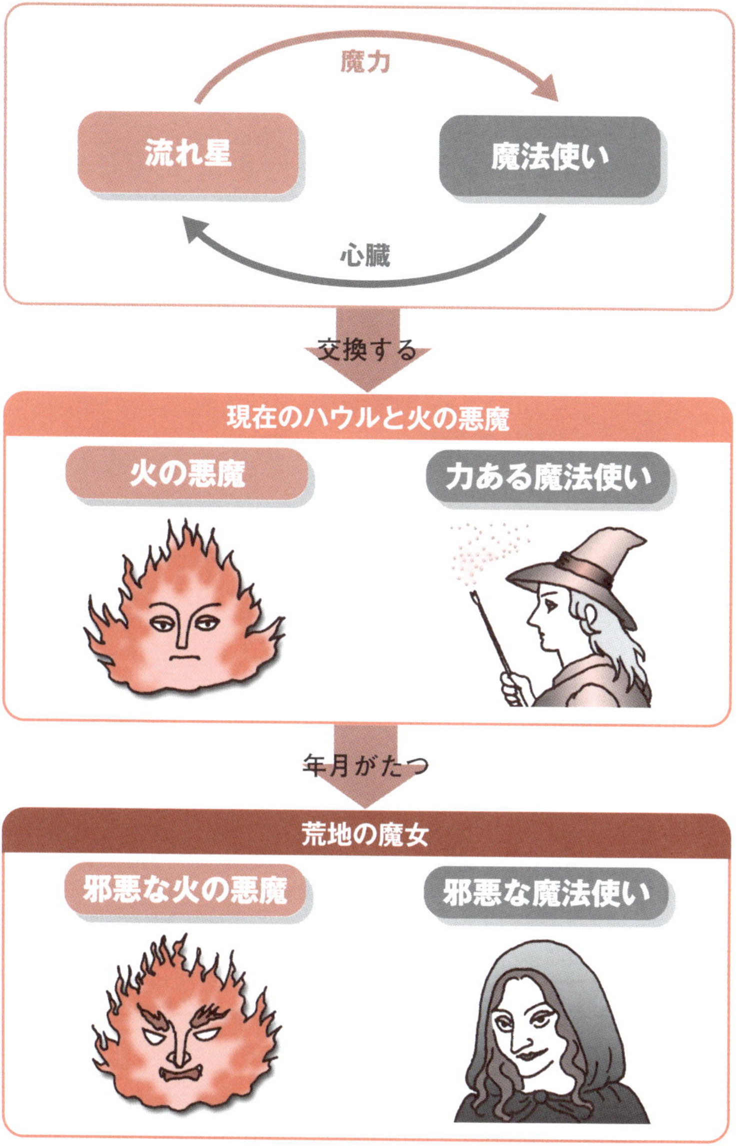

流れ星 ←→ 魔法使い
(魔力 / 心臓)

↓ 交換する

現在のハウルと火の悪魔

- 火の悪魔
- 力ある魔法使い

↓ 年月がたつ

荒地の魔女

- 邪悪な火の悪魔
- 邪悪な魔法使い

火を使う言葉

　火は、人間にとって最も有用な道具であり、人々の生活に密着している。このため、「火」を表わす言葉は数多くある。また、直接火について語る言葉でなくても、比喩として「火」を使う言葉も多い。

　例えば「火が付く」という言葉がある。これは、本当に点火されたことを表わす言葉としても使われるが、それよりも「何かが始まる・起こる」という意味で使われることが多いだろう。辞書的には、「騒動が起こる」ことを意味するらしいが、「尻に火が付く」となれば「ものすごく急ぎだ」という意味がある。さらには、「心に火を付ける」と「やる気を起こさせる」ことだし、「火が付いたよう」とは「激しく」泣く時の表現だ。
「論争に火が付く」と「ほとんど喧嘩腰の話」になりかねないし、現代では「ブログが炎上する」となると「ブログに非難の書き込みが集中している」という意味合いになる。

　最近使うことは少なくなったが、「火を摩る」という言葉もあって、これは大変仲が悪いことを意味する。

　しかし、火はとても大切なものであり、それは「火の消えたよう」という言葉にも表れている。「活気が失われている」様子を表わす言葉だ。まさに、火は活気の元なのだ。

　けれど、火はやはり恐ろしく苦しいものだ。「火の中水の中」と言えば、とても苦しいことを表わす言葉だし、「火に入る虫」となれば自ら求めて危険に飛び込むことだ。「火の車」と言えば、元々は地獄の「火車」のことだったが、現在では家計が苦しいことだろう。

　また、火は赤いことのたとえにも使われる。「火の出るよう」というのは、激しさを表わすこともあるが、怒りや恥ずかしさで顔が真っ赤になることを表わしている。

　また、火は日常生活を表わすこともある。「火を挙ぐ」というのは、火を燃やすことだったが、それが転じて生活することを意味している。

「火合せ」という言葉がある。忌みが終わって日常生活に戻ることを言う。これは、忌みが終わるまでは、その人は炊事の火も、普通の人とは別に行ったからだという。だから、忌みが終わって、同じ火で炊事した食事が取れるようになったという意味で、「火合せ」という。同じように、死の穢れなどをはらうために、竈の火を新しくすることは「火打替え」という。関西地方での言葉だが、葬儀の際の会食を「火炊かず」という。これは、それぞれの家では炊事をしないからだろう。

　このように、我々の周りには「火」を使う言葉が氾濫している。少し気にしてみると面白いのではないだろうか。

第2章
火の起こり

No.049
火の発見

Finding the secret of Fire

人間は、火を使うことによって、動物と完全に違う何者かになった。道具を使う動物は実在するが、火を使う動物はいないのだ。

●人間は火を使う生き物である

　人類の祖先が初めて火を見たのは、まだまだ人類が人類でない、いや猿ですらなかった頃だ。我々の祖先が下等な哺乳類だった頃から、火はあった。それは、落雷による山火事だったり、火山の噴火による溶岩や火山弾だったりしただろう。

　彼らにとって、それは恐ろしいものだったに違いない。多くの動物が火を避けるように、我々の祖先も火から逃げ回っていた。

　この頃の先祖にとって、火のイメージは、「火＝恐怖」であった。

　だが、50万年ほど前、我々の祖先は、火を利用することを覚えた。火を継続的に利用するために、火を絶やさない方法を知るようになったのだ。つまり、枯れ木などを追加して、火に燃料補給ができるようになった。この瞬間から、我々にとって火は親しい友となった。

　とはいえ、彼らは火の付け方を知らなかった。この頃の火は、火事や溶岩などから火を移してくるもので、火の力を貸してもらうというイメージが近かっただろう。まさに、神の力を貸してもらったものだ。

　そして、2万年ほど前には、ついに自らの力で火を起こせるようになった。それは、木を擦り合わせる摩擦発火だったり、火打石をぶつける火花発火だったりした。

　だが、いずれにせよ最初の発火方法は、まさに秘儀だったに違いない。このときこそ、火の魔法が生まれた瞬間だったのではないだろうか。今までは偉大な自然から貸してもらうしかなかった火の力を、自らの手で生みだすことのできる人間がいる。それは当時の人々にとって、超人か魔法使い以外の何物でもなかっただろう。

　そして、その技が、魔法ではなく人の知恵による技術であることが広まったとき。そのときから、火は人類にとって有用な道具となったのだ。

火の発見

人間の使った最初の火は、人間が作り出したものではなく、マグマや落雷によってついた火を利用していたものだと考えられている。

発火法

発火法には、摩擦法・打撃法・光学法などが知られている。

摩擦法

摩擦法には、大きく分けて、犂火きり(すきび)（溝などに木の棒を当てて前後に動かして火を作る）と錐火きり(きりび)（棒を回転させて火を作る）がある。

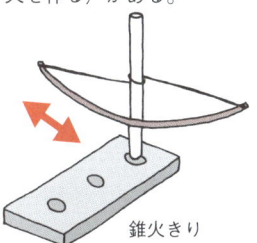

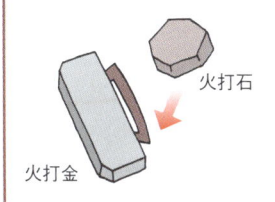

犂火きり　　錐火きり

打撃法

いわゆる火打石のこと。昔は火打石と火打石をぶつけていたが、後には鉄に火打石をぶつけることで、より簡単に火花が出るようになった。これにより、火打石は、実用的な道具となった。そしてマッチが普及する前は、これが最も使われた発火法だった。火打石にぶつけるものとしては、他に黄鉄鉱や石英なども使われた。

火打石
火打金

第2章●火の起こり

No.050
四大元素
Four elements

地水火風を四大元素と呼ぶ。自然環境を表す言葉として、我々はごく普通に使っている。けれど、環境を、この四つに分類したのは誰か。

●エンペドクレスの四元論

紀元前5世紀のギリシャの哲学者エンペドクレス（Empedokles）は、万物は地水火風の四元素（アルケー）からなるという、いわゆる四元論を唱えた。これが、四大元素説の元祖である。アリストテレスが唱えたと誤解している人も多いのだが、プラトンやアリストテレスは、エンペドクレスの説を受け入れただけなので、間違えないで欲しい。

このエンペドクレスという人物自体が、ほとんど魔法使いと変わらない。ディオゲネス・ラエルティオスの伝記には、死者を蘇らせたとか、神として崇められようとエトナ火山の火口に身を投げて死んでしまったとか、そんなエピソードが収められている。

彼の著作はほとんど散逸して、わずかな断片だけが残されているだけだ。だが、その著作を見ると、世界を四つの元素と二つの力で説明している。四元素は、もちろん空気・水・火・土であるが、二つの力とは愛と憎しみであるという。

愛とは、四元素を結合させる力である。現代的に言えば、万有引力・強い核力・弱い核力などの、物質を結合させる力であろう。それに対し、憎しみは四元素を分離する力である。現代風に言えば、万有斥力と言うべきだろうか。

そして、世界は、愛のみが支配する第1期（四元素は完全に融合して巨大な球となる）、憎しみが作用し始める第2期（球は解体されるが、元素の様々な融合によって多くの物質ができ、生命も発生する）、憎しみのみの支配する第3期（四元素は完全に分離し、四つの集団をなす）、再び愛が作用し始める第4期（第2期に似た世界）が、永遠に回帰する。

現代物理学風に読むと、ビッグバンによって宇宙が発生した現在は、第1期が第2期へと移行したところにそっくりだ。

四大元素の関係

四大元素には、二つの対立軸がある。火と水は対立し、風と地も対立するという。互いの性質が反対であるからだろう。

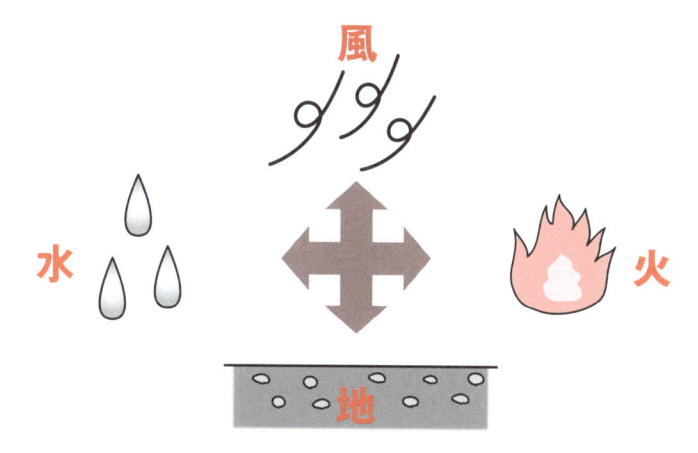

風

水　　　　　　　　火

地

四つの元素と二つの力

第1期
愛のみが支配し、世界が完全に融合して巨大な球になっている時期。

第2期
憎しみが作用し始め、物体は分離し、様々な種類の物質が存在している時期。

第4期
愛が作用し始め、分かれていた元素が再び融合し、様々な物質を作り出している時期。

愛＝結合させる力
憎しみ＝分離する力

第3期
憎しみのみが支配し、四つの元素が、完全に分離している時期。

No.051
万物は火なり

「万物は火なり」と言われると、そんなはずはなさそうに聞こえる。だが、ヘラクレイトスの思想は、それほど単純ではない。

●ヘラクレイトス（Herakleitos）と火

ヘラクレイトスは、紀元前500年頃のギリシャの哲学者である。

彼は、万物の元は火であると主張した。ただし、ヘラクレイトスの説は、万物は水よりなるといったタレスなどとは違う。ヘラクレイトスにとっての火は、万物の構成物質ではない。

彼は、全てのものが常に運動し変化し続けていることに注目し、変化こそが自然のあるべき姿であると考えた。そして、万物流転の象徴として火こそが全ての根源（アルケー）であると主張している。つまり、火＝変化・生成なのである。そして、その変化はロゴス（法則）によって起こるとした。

つまり、神ではなく、法則こそが、この世界を規定しているとしたのだ。この意味で、ヘラクレイトスは自然科学の父と言えるかもしれないし、また無神論の父と言えるかもしれない。

ヘラクレイトスの有名な言葉に「万物は流転する（パンタ・レイ）」というものがある（プラトンの著作に、ヘラクレイトスの言葉として引用されている）が、これは後世の哲学者が彼の哲学をこう称したということであって、ヘラクレイトス自身の言葉ではないらしい。とはいえ、ヘラクレイトスがこの言葉を述べたとしても、おかしくは無いのであるが。

ヘラクレイトスの万物流転説によれば、全てのものは上昇道（土→水→大気→火）と下降道（火→大気→水→土）の過程にあるとされ、そこに留まることはできないとされる。彼は「万物は一である」とも言っているが、これは同じものが変化することによって様々なものになるという意味で、万物流転を別の方角から見た言葉である。

ちなみに、宇宙を秩序あるものと見なしてコスモス（「秩序」「調和」といった意味の言葉で、そこから「秩序ある宇宙」を意味する言葉となった）と呼んだのも、ヘラクレイトスが最初である。

ヘラクレイトスのプロフィール

- 生没年：紀元前540年頃？～480年頃？
- ギリシャの哲学者
- ギリシャ語の法則性を発見し、言語学の祖とも考えられる。

万物は流転する（パンタ・レイ）

万物は火である ＝ 全てのものは常に運動し変化し続けている。

火 ←→ 大気 ←→ 水 ←→ 土

上昇道 / 下降道

❖ ロゴスとは何か？

　ロゴスとは言葉であり、尺度であり、根拠であり、そして全てを統一するものだ。このため、ロゴスのことを神と考えることもできる。ヘラクレイトスの残された断片的文書にも、ロゴスを神と見なすものがあった。
　だが、我々の最もよく知るロゴスは、『新約聖書』「ヨハネ福音書」の冒頭の部分であろう。「初めにロゴス（言葉）があった。ロゴスは神であった」そう、キリスト教の神もまたロゴスであったのだ。

No.052
五行

五行は、中国古代から続く自然観だ。西洋と違い、「中央」がある分、世界を五つの要素に分類している。

●中央のある分類法

　五行は、中国に起こった思想で、万物は火水木金土の五つの元素からなるという考えである。また、それ以外のあらゆるものを五つに分類し、世界を構成している。当時発見されていた惑星が五つだったことにも影響を受けているのかもしれない。

　西洋の4分類と異なるのは、中央というものが存在する点である。この点で、土は特別な地位を表す。生物も、他の四つと違って「黄帝」と帝王を表している。だから、中国では黄色が皇帝の色であり尊いものとされる。また、季節も春夏秋冬ではなく土用である。そう、土用の丑の鰻で有名な土用だ。

　夏の土用が有名なので、土用とは夏のことだと思っている人もいるかもしれないが、土用は季節の切れ目を意味する時期で、立夏の前の春の土用、立秋の前の夏の土用（この時期の丑の日に鰻を食べるという習慣がある）、立冬の前の秋の土用、立春の前の冬の土用がある。それぞれ約18日で（太陽の運行によって増減する）、合計72日ほどある。

　この五行の中で、火は燃える炎を五行の一つと見なしたものだ。方角としては暖かい南方を表し、色は赤、その象徴する生物は朱雀（すざく）である。季節ならば夏である。当然のことながら、火星をその象徴とする。

　また、この五行は、相生相克（そうしょうそうこく）という二つの関係を結ぶ。

　相生とは、あるものから別のものが生まれることを言う。例えば、木生火とは、木が燃えて火がつくことを意味する。同様に、火生土とは、物が燃えた後には灰（土のようなもの）が残ることを表す。つまり、この相生によって、五行の五元素は変化していくことになる。

　また、相克とは、あるものが別のものに勝つ＝消去することを表している。例えば、水克火とは、水が火を消してしまうことを表している。同様に、火克金とは、火は金属を溶かしてしまうことを表す。

五行と方角などの関係

行	火	水	木	金	土
方角	南	北	東	西	中央
色	赤	黒	青	白	黄色
生物	朱雀	玄武	青竜	白虎	黄帝
季節	夏	冬	春	秋	土用

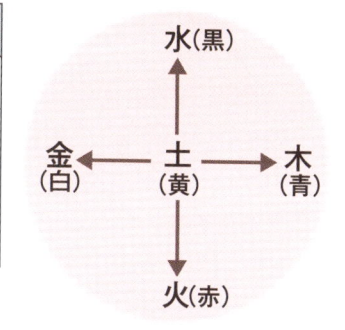

```
        水(黒)
          ↑
  金 ←  土  → 木
 (白)  (黄)  (青)
          ↓
        火(赤)
```

相生相克

相生

木 → 火 → 土 → 金 → 水 → 木

相克

木 → 土 → 水 → 火 → 金 → 木

❖ 火星は火の星？

火星を「火星」と言うのは、五行文化圏の人々だけだ。西洋では、火星はマルス（戦神）の惑星であって、戦争の星なのだ。我々は、戦争→破壊→火というイメージのすり替えによって、「西洋の人も火星を火の星と思っている」と思い込んでいるが、実はそんなことは無い。つまり、西洋文化圏においては、火星と火は、直接の関係は無かったのだ。

関連項目

●朱雀と鳳凰→No.008

No.053 五大

ファンタジー作品に取り上げられないためか、四大や五行に比べて馴染みの少ない五大だが、日本人には本来こちらのほうが縁が深い。

●仏教の物質論

　仏教思想において、宇宙を構成する要素は五つあるとされる。中国の**五行**思想と同じ数だが、その内容は異なっているし、構成要素も違う。

　元々、インドに地水火風を四大とする考え方があった。インドの地水火風という分類が、ギリシャで生まれた**四大元素**という考え方がインドに伝わったものか、それともインド思想の影響を受けてギリシャの四大元素説ができたのか、あるいは独立に発生したのか、今ひとつよく判っていない。

　ただ、仏教の五大思想成立以前に、インドに地水火風の思想があったことだけは判っている。これに、仏教独自の「空」の思想を加えて五つにしたものが、五大思想である。

　当然のことながら、仏教においては「空」が最上位にある。何しろ、「全ては空」なのだから。有名な「色即是空」という言葉は、「色（存在）は、是即ち空なり」という意味なのだ。

　この五大思想を物質的に表すのが五輪塔や五重塔である。塔の各層が、それぞれの要素を表している。上から「空風火水地」という順序になっているのは、一つはそれぞれの存在位置を表している（地面が一番下で、その上に水があり、地面より少し上に火が、上空に風があり、遥かな高みに空がある）。だが、何よりも「空」が最上位にあることを示したいのだろう。

　五輪塔の連想から、五大は五輪と表すこともある。宮本武蔵の『五輪書』は、仏教の五大から取った名前なのだ。人殺しの技について書いた本が仏教思想の題名を持っているのはちょっと不思議かもしれない。

　だが、上杉謙信は毘沙門天を信仰していたし、武田信玄は出家して坊主になったまま戦国武将を続けた。戦争をしている大名間の交渉は、従軍僧が行うことが多かった。当時の仏教は多くの武士にも親しいものであった。だから、武蔵が仏教思想の影響を受けた剣術書を書いても、不思議ではない。

五大とその上にあるもの

識
人間の意識のうち認識作用のほうを意味し、これによって物事の区別がつき、また個性化も起こる。

空
遥かな高みにある空のことで、仏教独自の「空」の思想を意味し、物質の存在している場のことを表す。

風
上空にある風（大気）のことで、動くものを意味し、成長や自由を表す。

火
炎のことで、熱をもつものを意味し、力や欲求、意思を表す。また成熟を表すこともある。

水
大地の上にある水のことで、湿性をもつものを意味し、定まらず流れるものを表す。

地
大地のことで、硬く変化しないものを意味し、物質の存在を保つものを表す。

関連項目

● 四大元素→No.050　　● 五行→No.052

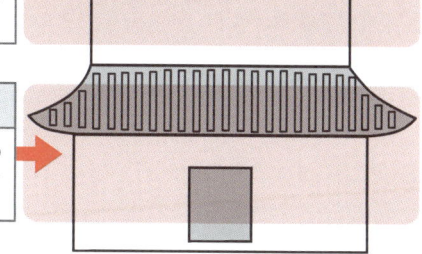

No.054
火と科学
Fire and Science

遥かな過去から、人間は火というものを科学の目で見ようと努力してきた。そして、ついに酸化という過程を発見した。

●燃焼という現象

科学の目から火というものを見てみよう。

科学的には、火とは、物質の酸化である。つまり、何らかの物質が、酸素と結びついて、酸化物に変化する。これを燃焼と言う。そして、このときに発生するプラズマや高熱ガスなどを、人は火と呼んでいる。

我々が燃料として使うのは、主として有機物（木材などのこと。石油や石炭も太古の有機物が地層の中で変化したものなので、有機物の一種）だ。

有機物は、炭素原子と水素原子をたくさん含む。この炭素原子1個が酸素原子2個と化合して二酸化炭素になり、水素原子2個が酸素原子1個と結びついて水になる。これが我々の良く知っている炎なのだ。

我々が、炎をオレンジ色だと感じるのは、この炭素と水素の燃焼時に発生する光が、このような色だからだ。

だが、炭素や水素だけが燃焼するわけではない。例えば、ほとんどの金属は、高温にすると燃やすことができる。しかも、そのときの炎は、我々の知っている色とは違っている。銅が燃焼すると緑の光が出るし、カルシウムなら濃いオレンジ色になる。また、リンを燃やすと青紫色になるが、これが墓場で見かける**人魂**が青白い理由なのだという説もある。

さらに、この色を利用して我々を楽しませてくれるのが、**花火**だ。緑は硝酸バリウム、青は酸化銅、黄色は炭酸カルシウム、赤は炭酸ストロンチウムなどを利用して、様々な花火の色を作っている（実際には、花火師ごとに秘伝の配合とかがあるらしい）。

最も身近な燃焼作用はどこにあるか。それは我々自身の体内にある。我々人間をはじめとして、全ての動物は酸素を吸って二酸化炭素を吐き出している。これは、炭素の燃焼によって発生するエネルギーを利用して動物が生存しているからだ。つまり、我々は、炭素を燃やして、生きているのだ。

火の化学式

科学的には、火 = 物質の酸化である。

アルコールの燃焼

$$CH_3CH_2OH + 3O_2 \Rightarrow 2CO_2 + 3H_2O$$

カルシウムの燃焼

$$2Ca + O_2 \Rightarrow 2CaO$$

花火の色

硝酸バリウム	$BaNo_3$	→ 緑
酸化第一銅	Cu_2O	→ 青
炭酸カルシウム	$CaCo_3$	→ 黄
炭酸ストロンチウム	$SrCo_3$	→ 緑

関連項目

● 人魂・鬼火→No.010 　　●花火→No.102

No.055
ファイアーボール
Fireball

火の魔法は、火の作成法を人々が知らなかった時代を除いて、存在しなかった。現代の火の魔法は、ゲームによって作られたものなのだ。

●破壊のための力

ゲームなどでは、火は、その破壊力をイメージさせる用途に使われることが多い。全てを燃やし尽くす破壊の炎というわけだ。

このため、火の魔法と言えば、攻撃魔法というのが定番の考え方だ。

その中で、最も有名なのが「ファイアーボール」だろう。巨大な火の球体を発生させて、巻き込んだものを焼き尽くす強力な破壊魔法を想像する人が多いはずだ。

ほとんどあらゆるゲームで、多少の異動はあるにせよ、「ファイアーボール」もしくは、それに類似の名前の魔法を見たことがあるだろう。

ところが、"fireball"とは、元々はそんな意味ではない。いわゆる**人魂**のことだったり、雷（特に、球電現象のことを表す。ただし、球電の原因は、いまだに判っていない）などが本来の意味で、巨大な火球なんて意味は全く無かった。

20世紀になってから、ビッグバン宇宙論の最初の状態、焼夷弾、核爆発の中心などといった、fire + ball というイメージから想像される意味が付け加えられるようになった。

つまり、"fireball"が巨大な火の玉という考え方は、全くもって現代のものなので、元々そんな魔法は存在しなかった。

考えてみれば当り前だ。もし、そんなものが魔法だったとしよう。すると、本物の魔法使いと、偽物の魔法使いの区別があっという間についてしまう。ファイアーボールを使えるのが本物の魔法使いで、使えなければ偽者だ。それでは、無数にいた偽者の魔法使いが困ってしまう。だから、歴史的な魔法使いたちは、そんな魔法のことなど、口にも出しはしなかった。

ファイアーボールのような魔法は、1970年頃、テーブルトークRPGが作られて、初めて登場したものだ。まさにゲームのために作られた魔法なのだ。

fireballあれこれ

言葉としてのfireball

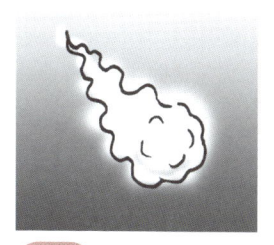

人魂
古くは、人間の人魂のような謎の炎をfireballと言った。

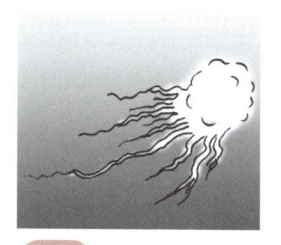

球電
地面に落ちずに、空中に浮いている雷。人魂の正体の一つと考えられている。

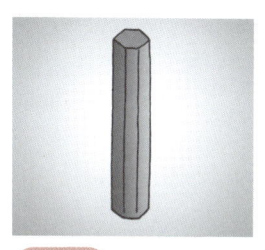

焼夷弾
焼夷弾は、兵士たちの間でfireballと呼ばれた。

核爆発
核爆発における中心の火球をfireballと言う。

ゲームのfireball

ファイアーボール
魔法で、巨大な火の玉を発生させる攻撃方法。

関連項目

●人魂・鬼火→No.010

No.056
ゲームの火の精霊

Fire elemental in games

ファンタジーゲームをプレイすれば、火の精霊にはお世話になるはずだ。だが、意外とそのバリエーションは少ない。

●ゲームデザイナーの困惑

　ゲームにおいては、精霊とか召喚獣とかいった名前で、様々な火の眷属を呼び出して、敵を攻撃させたりすることができる。しかし、火の精霊というのは非常に数が少ないため、どのゲームでも登場するものは同じだ。

　基本的に火の精霊と言えば、**サラマンダー**が登場するのは、ほとんどあらゆるゲームに共通だ。ただし、その姿は2種類ある。

　一つは、炎をまとったトカゲだ。**ドラゴン**との区別を付けるため、翼を生やしていることはまず無い。火の精霊であることを強調するためか、真っ赤な色をして、全身を炎で覆われている。

　ちなみにサンショウウオのことをサラマンダーと呼ぶのは、ヨーロッパに棲むファイアー・サラマンダーが、サラマンダーの原型だからだ。サンショウウオは、それと同系統の生物なので、サラマンダーと呼ばれる。

　もう一つは、炎をまとった人間だ。全身真っ赤で、炎で覆われているのは火トカゲと一緒。こちらのサラマンダーは、近代魔術が登場した17～18世紀以降に出てきたイメージだとされる。

　サラマンダーの上位クラスが**イフリート**になっているゲームは多い。実のところ、サラマンダーとイフリートには何の接点も無いのだが。

　イフリートの姿は、炎の魔神といった感じだ。ただし、誤解してもらっては困るのだが、イフリートとは種族名であって、個々のイフリートには、それぞれ名前がある（はずだ）。

　ちなみに、『ファイナルファンタジー』シリーズで、炎の最高レベル召喚にバハムートが登場することがあるが、バハムートは巨大な魚の姿をした水の怪物だ。聖書に登場するベヒモスがアラブに伝わって、バハムートとなったものなので、本来は大地の怪物だ。もしかしたら、炎の悪魔ベリアルと勘違いしたのかもしれない。

ゲームにおける炎の精霊の姿

サラマンダーの姿

トカゲ型

上位精霊として、魔神型のイフリートがいる場合、トカゲ型になる場合が多い。

人型

他に人型の炎の精霊がいない場合、こうなることが多い。

イフリートの姿

人型

ほとんどの場合、炎の魔神という姿になる。強さを強調するために、角が生えていることもある。

フェニックスの姿

鳥型

まず確実に鳥になる。

伝承とゲームの違い

ベヒモス → バハムート → 神竜バハムート → ドラゴンのバハムート

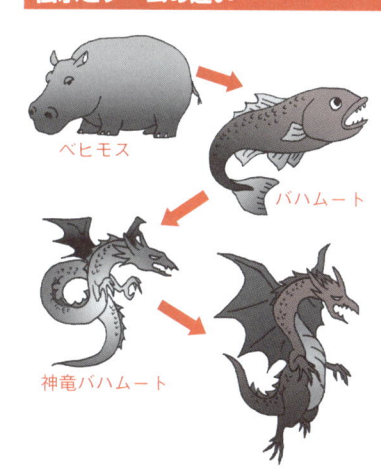

ベヒモス

聖書に登場する巨大な陸上生物。

バハムート

本来は、ベヒモスのアラビア語読み。ただし、アラブ世界では、大地を支える巨大な魚。

神竜バハムート

テーブルトークRPG『ダンジョンズ＆ドラゴンズ』で、プラチナの高貴な竜の名前として「バハムート」が利用された。

ドラゴンのバハムート

現在では、テーブルトークRPGが元ネタだと知らないままに、多くのテレビゲームなどで、最上級ドラゴンの名前として、バハムートが使われている。

関連項目

- 伝説のサラマンダー→No.001
- 精霊としてのサラマンダー→No.002
- イフリート→No.003
- ドラゴン→No.006

No.057
火の起源（南米）

あまりにすばらしい力を持った火を、人間が作り出せるわけが無いと考えたのが南米の人たちだった。

●人間は火を持たず、動物は火を持つ

　南米の火は、動物がこっそり隠し持っているものだ。特に、鳥が持っているという神話が数多くある。

　例えば、ハゲタカが火の主であるという神話がある。おそらく、禿げた頭の赤さが、火を連想させたのだろう。

　昔、ハゲタカは肉を火で焼いて食べていた。それに対し、人間は生で食べるしかなかった。そこで、ハゲタカから火を盗むことにした。英雄は、腐りかけた動物の死骸の振りをして、じっとハゲタカを待った。

　ハゲタカが、英雄を肉と思って火に投げ込むと、英雄は元の姿に戻って火のおきを飛び散らせて、一つを拾って逃げ帰った。こうして、人間は火を使うことができるようになった。ところが、ハゲタカは飛び散った火を回収できなかったので、腐肉を生のまま食べなくてはならなくなった。

　パラグアイの神話では、火は最初雷鳥が持っていた。ある男が、蛇（当時の人々にとって、貴重な蛋白源となる食料である）を捕まえて生で食べていた。すると、雷鳥が蛇をくわえてどこかへ飛んでいく。さらに、その飛んで行った先から、一筋の煙が立ち上がっている。

　男が、そこに行ってみると、両端が真っ赤で熱を出している木の棒を見つけた。そして、その棒に蛇がくっ付けて置かれていた。その蛇を食ってみるととてもうまい。

　男は、その棒を盗んで、部族に持って帰った。そして、その火を絶やさずにいて、物を焼いて食べられるようになった。

　ところが、盗まれた雷鳥は、火を作ることができなかったので、その後は生で食べるしか仕方なくなった。雷鳥は、あちこちを飛んで回って、人間が火を盗んだのを知ると、森の奥で雷雨を作り、人々を懲らしめようとした。

　今でも、雷雨が降ると、人々は雷鳥が怒っているのだと言う。

鳥から盗んだ火

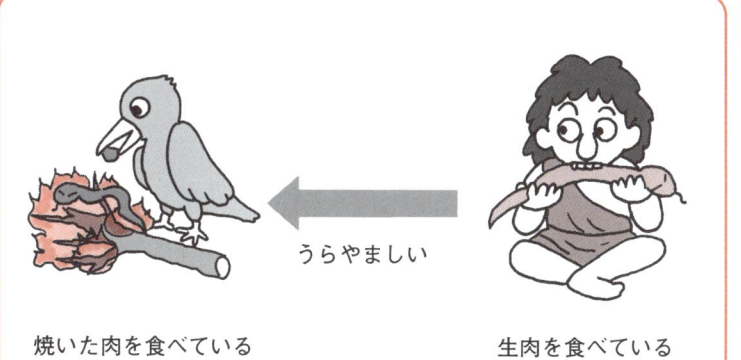

焼いた肉を食べている　　うらやましい　　生肉を食べている

人間が鳥から火を盗む

生肉しか食べられない　　うらむ　　焼いた肉が食べられる

火を持っている鳥は、ハゲタカや雷鳥など色々なバージョンがある。

No.058
火の起源（北米）

北米の火の神話は、非常に多様で、それぞれ部族ごとに全く異なる神話が展開している。

●北米各地の火の起源

　アメリカ南東部のクリーク族は、火をもたらしたのはウサギだという。

　ウサギは、東の大洋（おそらく大西洋）に飛び込み、海を泳ぎきって向こうの大陸に渡った。向こうで大歓迎され、舞踏会が開かれた。ウサギも華やかに装って出席したが、その頭飾りには松脂（まつやに）の棒が仕込んであった。

　人々は、踊るにつれて環の中心の聖なる火に近づき、そこで頭を下げた。ウサギも、同じようにしたが、そこで松脂に火がついてウサギの頭飾りは燃え出した。人々は、聖なる火に触れた不届き者を捕まえようとしたが、ウサギは逃げて海に飛び込んだ。

　アラバマ州の神話では、火は元々熊のものだった。ある日、熊は火を地下に隠し、樫の実を食べに行ってしまった。残された火は消えかかってしまい、「燃料をくれ」と叫んだ。すると、人間がやってきて、北へ行って木の枝を取り火にくべてやり、さらに南、西、東と行っては木を拾ってきて、火にくべてやった。こうして、火は再び大きく燃え上がった。

　熊が火を取り戻そうとして帰ってくると、火は熊たちに「もう、あんたがたとは縁切りだ」と返事した。こうして、火は人間のものとなって、熊は火が使えなくなったのだという。

　ニューメキシコ州には、スッシイスティナコという地下に棲む蜘蛛が、全宇宙の創造者だったが、彼は火を隠し持って人間に与えてくれなかったので、山犬が地下から火を盗んできたという神話もある。

　カリフォルニア州でも、山犬が火を与えたことになっている。世界は、山犬と鷲が作った。山犬が作り始め、鷲が完成させた。仕事の最後に、山犬は遙か西方の火のある土地に行き、そこで火を盗んで、耳の穴に入れて持って帰ってきた。そして、山の中で火を燃やした。凍えている人々は、その煙を見てやって来た。そして、火を手に入れて使うことができるようになった。

火を持っていた・もたらした生き物たち

北米各地に残る神話の中で、火をもたらす生き物は実に様々である。

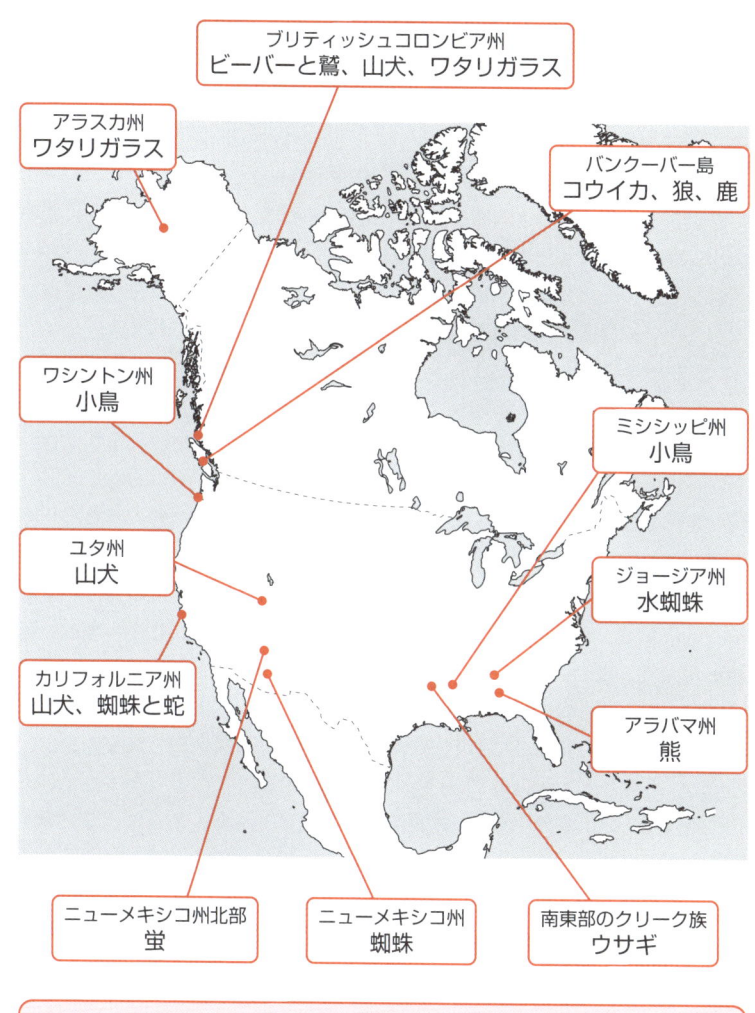

- アラスカ州：ワタリガラス
- ブリティッシュコロンビア州：ビーバーと鷲、山犬、ワタリガラス
- バンクーバー島：コウイカ、狼、鹿
- ワシントン州：小鳥
- ミシシッピ州：小鳥
- ユタ州：山犬
- ジョージア州：水蜘蛛
- カリフォルニア州：山犬、蜘蛛と蛇
- アラバマ州：熊
- ニューメキシコ州北部：蛍
- ニューメキシコ州：蜘蛛
- 南東部のクリーク族：ウサギ

いずれにせよ、生活に密着した生き物である。

No.059
火の起源（中米）

メキシコの神話でも、火は最初は動物が持っていた。一時期、地上に火が無かったという神話は、日食などの影響かもしれない。

●天から火を盗みだす話

　メキシコのコーラ族は、火は最初イグアナが持っていたという。

　だが、イグアナは妻と喧嘩をして、火を持って天に昇ってしまった。このため、地上に火はなくなってしまった。

　窮した生き物たちは、相談の上で、大ガラスに天に続く絶壁を登って火を取ってきてくれるよう頼んだ。だが、カラスは途中で落ちてしまう。

　次に、ハチドリが試みたが、やはり失敗してしまう。

　最後に、フクロネズミに頼んだ。すると、ネズミは「わしが登ったら、お前たちも続け。そして、火が落ちてくるかどうか見張っていろ。落ちてきたら、毛皮で包んで落とすんじゃないぞ。地上が燃えてしまうからな」と言い、延々と崖を登り、天に到着した。そこでは、火の前に1人の老人（おそらくイグアナの化身）が座っていた。

　老人は、ネズミに「誰かの？」と聞くと、ネズミは「あんたの孫さ。冷え切ってるんで、火に当らせてくれ」と答えた。老人は、最初嫌がったが、何とか火に当らせてくれた。

　そのうち、老人は居眠りを始めた。火を取ろうと、尻尾を燃え木に巻きつけると、老人は目覚めて「何をしている」と問う。ネズミが「火をかき回してやってるのさ」と答えると、ついに本当に眠り込んでしまった。

　その隙に、ネズミは火を取って登り口まで逃げてきた。老人は、追いかけてきたが、ネズミは火を下に投げ捨てた。老人は怒って、ネズミが青黒くなるまでひっぱたいて、下に投げ下ろした。

　だが、他のものは落ちてきた火を受け止め損ねて、火は大地に燃え広がった。代わりに、落ちて死んだネズミの身体を包むと、ネズミは生き返った。

　何とか、大地の女神の乳によって火を消すことができ、各々は残った火を持ち帰った。こうして、地上に再び火が存在するようになったという。

イグアナが火を持って天に上がってしまう

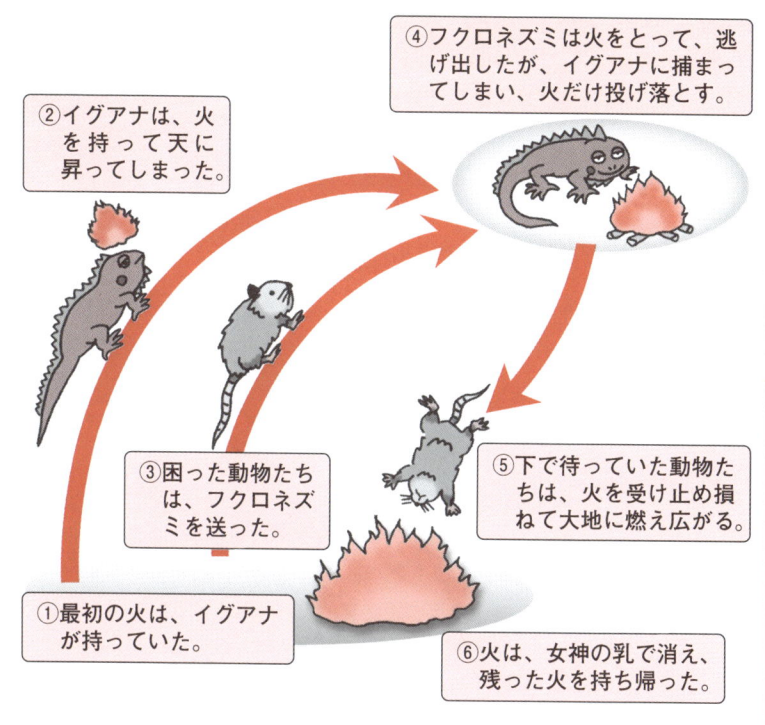

②イグアナは、火を持って天に昇ってしまった。

④フクロネズミは火をとって、逃げ出したが、イグアナに捕まってしまい、火だけ投げ落とす。

③困った動物たちは、フクロネズミを送った。

⑤下で待っていた動物たちは、火を受け止め損ねて大地に燃え広がる。

①最初の火は、イグアナが持っていた。

⑥火は、女神の乳で消え、残った火を持ち帰った。

❖ 神頼みもある

もちろん、神様が火を与えてくれるという神話だってある。

グアテマラのクイシュ族の神話では、火を持っているのはトヒルという神である。トヒルは、火を創造し、それを保持する神なのだ。さらに、人間に火を与えてくれた、ありがたい神でもある。

だが、大雨が降り、雹になり、せっかくの火を全て消してしまった。

トヒルは、再び人間に火を与えてくれた。

だが、人間はどうも学習しない生き物らしく、その後も何度も嵐で火を失っている。

そして、そのたびに、トヒルはサンダルで地面を踏みつけて火を作ってくれた。

トヒルは、慈悲深く、しかも忍耐強い神のようだ。

No.060 火の起源（北アジア）

シベリアのような寒い土地では、火は命を守る大切なものだ。その火をどうやって手に入れたか神話は語ってくれる。

●天から降りた熊が邪悪になる

　シベリアに住むユラーク・サモエード族の火の起源は、熊と関係がある。

　元々、熊は天の神ヌムの息子で、天に住んでいた。だが、彼は雲の下の大地に興味を持って、下界に住んでみたくなった。天神は最初は拒否したものの、熊の懇願に根負けして、ついに鎖を垂らして下界へ熊を下ろしてやった。

　ところが、熊はそれまで天に住んでいたものだから、食べ物の手に入れ方も暖を取る方法も知らず、飢えて凍死しそうになってしまった。

　そこで、父たる天神は、熊に弓矢を与え、火の起こし方も教えてやった。ただし熊には、人間を友とする動物や、善良な人々を攻撃しないようにと、命じた。また、死体に触れることも禁止した。

　熊は、天神の息子として、意地の悪い者、誓いを破る者、嘘をつく者などを罰し、人々が正直公正であるよう見守る役目を与えられたのだ。現在でも、ユラーク・サモエード族が、何か誓いを行うとき、熊の頭の毛にかけて行うのは、このためだ。

　ところが、熊は、これらの役割を忘れ、天神から禁じられたことも忘れてしまった。公正を守るどころか、自らが人間を襲うことをはばからなくなってしまったのだ。

　天神は、熊に襲われて困っているという、人間の訴えを聞き入れた。そして、熊を殺す権利を、人間に与えることにした。

　だが、どう考えても、人間と熊では、人間に勝ち目があるはずが無い。しかも、熊は弓矢も火も持っているのに、人間にはそれらは無いのだ。

　そこで、熊の弓矢と火を取り上げ、それを人間に与えることにした。こうして、人間は熊を殺すことができるようになった。

　また、そのおかげで、今でも人間は弓矢を使い、火を起こすことができるのだという。

熊に与えられた火

天に住んでいた熊（天の神ヌムの息子）が、雲の下の大地に興味を持つ。

父たる天の神ヌムに懇願し、下界に住む許可を得る。

食べ物を手に入れる方法、暖を取る方法を知らないため、凍死しそうになる。

天の神ヌムから弓矢を与えられ、火の起こし方を教えてもらう。

熊から奪った火

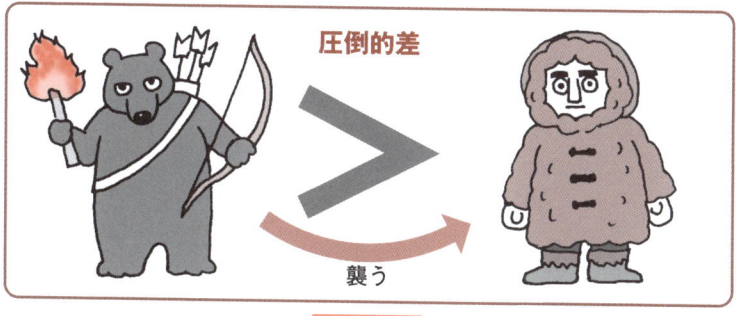

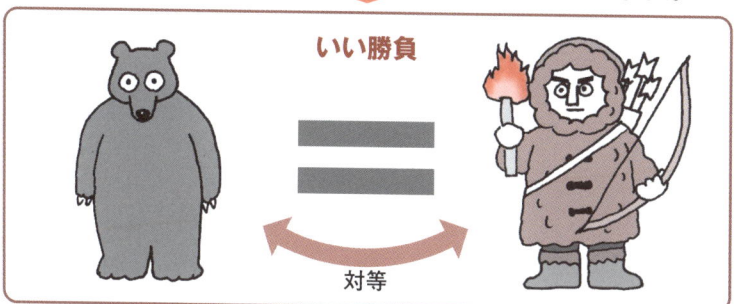

圧倒的差

襲う

天の神が火と弓矢を熊から取り上げ、人に与えた。

いい勝負

対等

No.061
火の起源（東アジア）

東アジアの神話でも、火の発見はやはり重要視されている。台湾では、普通に動物が見つけてくれるが、中国では人間が発見している。

●洪水で火が消えてしまう

　台湾のツオウ族（日本では高砂族という名前で知られる、高山族9民族の一つ）の神話では、かつて洪水で全ての火が失われたという。

　彼らは、突然の洪水に、ただ高いところへ逃げることだけしかできず、火を持ちだす余裕が無かった。だから、洪水の後、誰も火を持たなかった。

　火が無いために、人々は寒さに震えた。

　このまま、火は永遠に失われてしまうのかと思われたとき、ある男が、隣の山の山頂に、星のようにきらめくものを見つけた。

　もしかしたら、あれは火かもしれない。

　そこで、誰がそこまで行って、火を取ってくるか相談を始めた。

　山頂といっても、洪水で全ての平地は水浸しし、実質的には海を泳いで隣の島に行くようなものだ。誰もが、身をすくませた。

　そのとき、ヤギが「では、私が行って来ましょう」と申し出た。

　ヤギは、洪水の海を泳いで、なんとか向こうの山頂まで泳ぎきることに成功した。そして、向こうにあった火を、縄に移し、それを頭の角に結びつけた。それからヤギは元の山に戻ろうとしたが、だんだんと疲れて、頭を上げておくことができず、ついに火は消えてしまった。

　続いて、タオロンという生き物を送り出した。タオロンは、無事に火を運んでくることができた。人々は、生き物を囲んで、その労をねぎらった。今でも、タオロンの肌は滑らかで、その姿は小さいのは、周り中から撫でられたからだという。

　中国では、燧人（すいじん）（地方の一豪族だとされる）が、星を見て火気を発見し、小鳥が木をつつくと火花が出るのを見て、木を擦って火を作る方法を発見した。それ以降、人間は火による調理を覚えたのだとある。

　ちなみに、燧とは火打石のことで、そちらの方法も燧人によるのだろう。

失われた火を取り戻す

洪水で全ての火が失われる。

⬇

隣の山の山頂にきらめくものを発見。

⬇

ヤギが泳いで隣の山に行き、火を取ってくる。

⬇

帰り道に力尽きて火を消してしまう。

⬇

タオロンが挑戦。

⬇

無事火を持ち帰る。

火を発見した人間

燧人 →
- 星を見て火気を発見
- 小鳥を見て木を擦る方法を発見
- 火打石も発見？

No.062 火の起源（東南アジア）

大洪水神話というのは、ノアの箱舟だけでなく、世界中に分布している。タイもその例外ではない。

●火の作り方を盗み見る

タイの神話では、大洪水があって、ひょうたんの中に隠れていた少年少女1組だけが生き残った。現在の人間は、全て彼らの子孫なのだという。

ところが、彼らから7人の男の子が生まれたが、彼らは火を持っていなかった。洪水で、全ての火が消えてしまったからだ。

そこで、1人を空に送って、天帝から火を貰うことにした。

ところが、空で火を貰うことはできたのだが、天国の入り口で火が消えてしまった。再び、宮殿に戻り火を貰ったが、2度目もやはり天国の入り口で火が消えてしまう。3度目は、もう少し長持ちしたが、それでも地上へ戻る途中で火は消えてしまった。

そこで、もう一度相談をして、贈り物としてヘビとフクロウを持っていくことにした。だが、ヘビは沼でアマガエルを追いかけ、フクロウは最初の村でネズミを捕まえ、ちっとも役に立たない。

7人は再び相談し、今度はアブに頼むことにした。アブが天帝のところに行くと、天帝は「そなたの目はどこにある」と問うた。タイ族の神話では、なぜかアブの目が羽の付け根にあることになっている。狡賢いアブは答えた。

「私の目は、他の者と同じところについています。耳も同じです」

「では、何も見ないようにするには、どこを閉じる」

「私は水差しの中からでも、見ることができます。けれど、隙間のあるバスケットに入れてください。そうすれば、（目が隠れて）何も見えません」

天帝は、それを聞いて、アブをバスケットに入れ、いつものように火を作り始めた。だが、アブは、隙間から天帝が木を擦って火を作っているところを見てしまった。

アブが受け取った松明も、途中で火が消えてしまったが、アブは気にせず戻り、火の作り方を皆に伝えた。

アブが見た火の作り方

洪水で全ての火が失われる。

↓

天帝に火をもらうが3度失敗。

↓

アブが挑戦。

天帝の問い / **アブの答え**

| 目はどこにあるか？ | → | 他の者と同じところです。（本当は羽の付け根にある） |

| 何も見ないようにするにはどこを閉じるか？ | → | 隙間のあるバスケットに入れてください。 |

もちろん、アブの目は、通常の昆虫と同じで頭にある。だが、タイの人々は、昔はアブの目だけは羽の付け根にあると思っていた。

↓

火の作り方を覚えて皆に伝える

No.063
火の起源（インド）

インドは広く、また時代ごとに神話が変化しているので、火の起源も色々ある。その中で最も古いものを紹介しよう。

●天から火を下界に下ろす神

インドの神話を記した「リグ・ヴェーダ」によれば、人間はマータリシュヴァンのおかげで火を得たとされる。「リグ・ヴェーダ」には、

いわばみずから走り去り、かくのごとく隠れたるアグニを、マータリシュヴァンは遙かなるところより導き来たれり、神々のもとより奪いたる彼を。
かかる汝を人間は捉えたり、神々に供物を運ぶ〔神〕よ、汝がすべての祭祀を、マヌス（人祖マヌに同じ）に属する〔神〕よ、なが賢慮により監視せんがために、最も若き〔神〕よ。（『リグ・ヴェーダ讃歌』辻直四郎訳：岩波書店）

とある。彼は、**アグニ**を神々のところから奪ってきて、人間に渡したのだ。

マータリシュヴァンは、火を起こす木片（アラニ）を神格化したものとされる。彼こそが、人間に火を与えたインドの**プロメテウス**だ。だが、幸いにもヴェーダの神々は、ギリシャの神々ほど残酷でなかったようで、マータリシュヴァンは、特にお咎めも無かったようだ。

マータリシュヴァンは、「アタルヴァ・ヴェーダ」では、一切を清浄にする風の神とされている。

つまり、大気の中にあって、火を天より地上へもたらす神が、マータリシュヴァンだと考えると、彼の正体を想像することもできるだろう。彼は雷の神、もしくは雷によって生じた火の神だったのではないかという説もある。もちろん、インドにはより有名な雷神としてインドラがいるので、絶対とは言えないのだが。

海を挟んだスリランカでは、ヒタキという鳥が、天から人間に火をもたらした。だが、その名誉を妬んだカラスが、その火を消してしまったという神話がある。このため、2種の鳥は、完全に敵となったのだという。

インドのプロメテウス

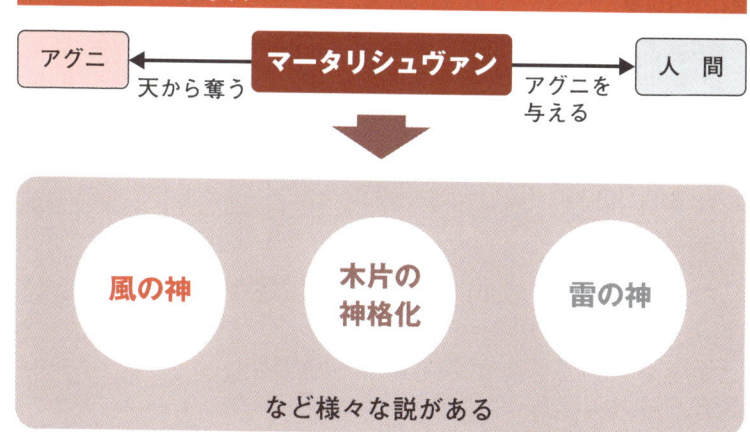

アグニ ←(天から奪う)— マータリシュヴァン —(アグニを与える)→ 人間

- 風の神
- 木片の神格化
- 雷の神

など様々な説がある

> シチュエーションとしては、ギリシャ神話のプロメテウス（→No.036）に似ている。

なぜ、プロメテウスは咎められ、マータリシュヴァンは無事だったのか。

	プロメテウス	マータリシュヴァン
出自	主神の敵だった一族の出身	同一の神族
神々への態度	人間に味方し主神を欺いた	特に何もせず
他の神々の態度	主神が火を与えることに反対	特に反対されていない
必要性	人間に火を与える必要はなかった	人間が火を持っていなければ、神々は供物をもらえない
結果	岩に縛り付けられ、永遠に肝臓を鷲に食われる	お咎めなし

関連項目

- アグニ→No.020
- プロメテウス→No.036

No.064
火の起源（メラネシア）

メラネシアの火の神話によると、最初の火は、男たちだけの秘密の技だったらしい。

●男だけの火

　ニューギニアのニューブリテン島では、村に大きな小屋があり、若い男女は、それぞれ別の建物で集団生活をしている。

　そこの神話によると、最初女は火の作り方を知らなかった。火の作り方は、男たちだけが入れる組織だけが知っている秘儀だった。

　あるとき、火の作り方の秘儀を伝える組織の集まりがあった。メンバーの犬は、腹が減ったので会合を抜けて、女たちや組織に入っていない農民たちのいるあたりにやってきた。

　ところが、彼らは「近づかないでくれ」と言う。犬が、「どうしてだ」と聞くと、彼らは「だって、あんたは組織の人間じゃないか」と答えた。

　犬が「ああ、腹が減った。タロイモでもないかなあ」と言うと、女たちは「タロイモが食べたくても、火が無いから食べられないよ」と言う。

　そこで犬は、「よし、秘儀の庭でやっていたことを試してみよう」と言い、クアの木の枝を2本、女に持ってこさせた。

　そして、片方を女に押さえさせておいて、木を擦り合わせて火を作り始めた。木を擦ると煙が出てきて、女は涙を流し、犬に「あんたと結婚してあげる」と言った。

　こうして、秘儀組織が保っていた火の作り方は、女たちに漏れてしまった。

　組織の人間が見ている前で、女たちは火を作り始めた。それを見た組織の人間が驚いて「誰が、あんたらにそれを教えたんだ」と聞くと、女たちは「犬だよ」と答えた。

　それを聞いた組織の頭は激怒して、「おしゃべりな犬なんぞを連れてきたからいけない。奴らは裏切って、我々の秘密をばらしてしまった」と叫んだ。

　そして、報復として、犬に喋れないように魔法をかけた。だから、犬は今でも喋ることができない。

明かされた秘儀

火の作り方は男たちの組織だけが知る秘儀 → 犬が食べ物ほしさに女に火の作り方を教える

ニューギニアのロングハウス

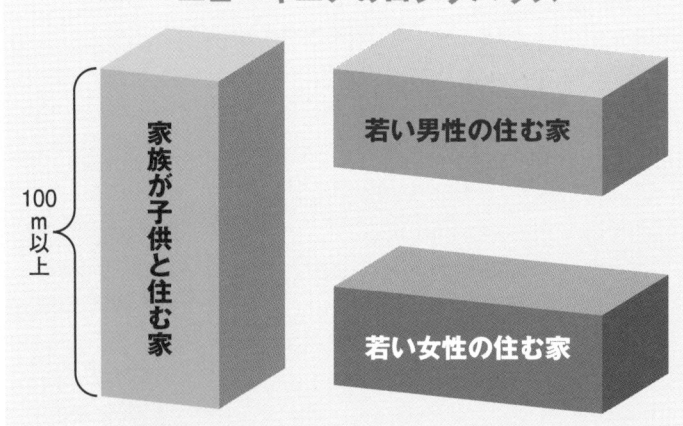

- 家族が子供と住む家
- 若い男性の住む家
- 若い女性の住む家

100m以上

村には家族が子供と住む家、若い男性が共同生活する家、若い女性が共同生活する家の、三つの主要な建物がある。現実には、他に村長の家とか、物置とかもある。このようにすることで、同世代の村人と交わり、村の人間としての一体感を作る。

❖ 火をどこかから持ってくる神話

　ソロモン諸島のブイン島の神話では、火は元々、この島に存在しなかった。だが、近くのアル島では火を知っていた。そこで、小鳥がアル島へ渡り、こっそり見張っていると、木を擦って火を起こしていた。その後は、ブイン島でも火を作ることができるようになったという。

　このような神話は、メラネシアの島々に数多く伝わっている。これらは、火の作り方が、島から島へとだんだんと広まっていったことを表しているのだと考えられている。

No.065
火の起源(ミクロネシア)

ミクロネシアの神話では、火は神からの感謝の印として、人間に与えられたものだという。

●雷によって落ちてきた火

　ミクロネシアのヤップ島では、火は雷の神が与えてくれた。

　昔、人間は火を知らない時代があった。人々はタロイモなどを火で焼くことができなかったので、砂の上にイモを置いて、太陽の光で焼いた(ヤップ島は赤道に近いところなので、砂の上で太陽光に当てれば70〜80度くらいにはなった。その温度で、何時間か置いておけば、それなりに煮えたのだと思われる)。

　だが、そうやって待つのは辛いので、天の神ヤラファトに助けを求めた。

　ヤラファトは、すぐに赤く熱い雷を落とし、タコノキを打ち砕いた。このため、タコノキは割れて、その葉にトゲが現れた。そのため、ヤラファトに落とされた雷の神デッスラは、タコノキの幹にはまり込んで動けなくなってしまった。動こうとすると、トゲが刺さって悲鳴を上げてしまう。そこでデッスラは、誰か助けてくれと叫んだ。

　その近くに、太陽の光でタロイモを焼いていたグアレティンという女がいた。彼女は、その声を聞きつけて、動けない神を発見した。そして、トゲのある葉を一つ一つ取り除いて、神を助け出してやった。

　デッスラは、感謝して、彼女に何をしているか聞いた。彼女が答えると、粘土を持ってくるように命じた。そして、粘土をこねて、世界で始めての鍋をこしらえた。

　続いて、神はトウプクの木の棒を持ってこさせた。棒を脇の下に挟むと、そこに隠されている火花を棒に注ぎ込んだ。棒には、火を起こす力が与えられた。

　こうして、人々は、木の棒を擦って火を起こす技術と、鍋を作る技術を教わることができた。そして、その後は、タロイモを太陽に当てる必要は無くなり、いつでも暖かく柔らかいイモが食べられるようになった。

火をくれた神

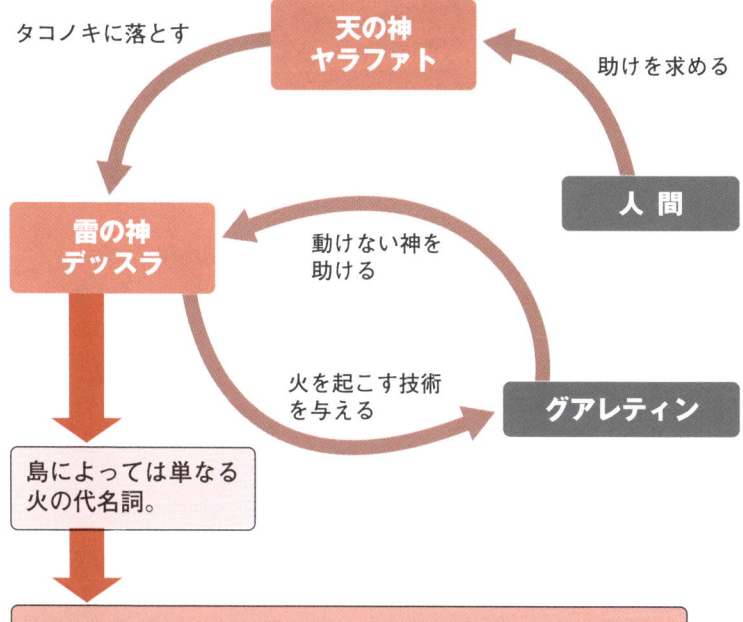

天の神ヤラファト

タコノキに落とす →

助けを求める ← 人間

雷の神デッスラ

動けない神を助ける

火を起こす技術を与える → グアレティン

島によっては単なる火の代名詞。

実際に火を与えたのはヤラファトであると考えられている。

この神話では、ヤラファトは天の神とされているが、彼のことを人間に知恵を与えたトリックスター的人物とする神話を持つ島々も多い。

ヤラファトの系譜

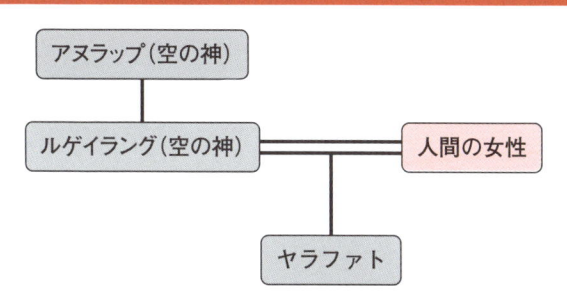

- アヌラップ（空の神）
- ルゲイラング（空の神） ― 人間の女性
  - ヤラファト

No.066
火の起源(ニュージーランド)

太平洋ポリネシア海域では、ハワイからニュージーランドまで誰もが知っている英雄マウイ。彼と火の関係を語ってみよう。

●火の元であるマフーイカ

　ニュージーランドの神話では、英雄マウイと火の神話が残っている。

　マウイは英雄ではあるが、悪ふざけや悪戯の好きな人物でもあった。

　あるとき、マウイは先祖のマフーイカから貰った火を全部消してしまおうとした。そして、夜中に村の炊事場に行って全ての火を消してしまった。

　困った村人は、マフーイカにもう一度火を貰おうとして、使者をだすことにした。マウイは、これに自ら志願した。

　火の女神マフーイカのところに行くと、彼女は自分の爪を引き抜いて、火にしてマウイに渡した。ところが、マウイは火を貰って少し歩くと、わざと火を消してしまい、再びマフーイカのところに火を貰いに行った。マフーイカは次々と爪を引き抜いてマウイに与えたが、マウイは何度でも火を消しては貰いに現れる。

　足の爪まで与えてから、騙されたことに気付いたマフーイカは、最後の足の親指の爪を引き抜くと、マウイに投げつけ、焼き殺してしまおうとした。マウイは、鷲に姿を変えて逃げ出したが、それでも火は追ってくる。池に飛び込んだが、火は池を熱して煮えたぎりそうだ。

　マウイは、別の祖先タフィリーメーテアとホワティティリーマタカタカに頼んで、雨を降らせてもらった。大雨で、火が消え、マフーイカは悲鳴を上げて逃げ出した。

　こうして、マフーイカの火は消えてしまった。

　しかし、彼女は火が消える前に、わずかに残った火花をカイコマコなどの木に隠した。

　そのおかげで、火が隠された木を擦ると、火を起こすことができるのだ。今でも、人は火が欲しくなると、カイコマコなどの木を擦り合わせて、火を作りだす。

いたずら者が火をなくそうとした話

英雄マウイ

太平洋の英雄にしてトリックスター。
マフーイカのところに行くときに、両親から決してマフーイカに悪戯を仕掛けるようなことをするなと忠告されるが、やっぱりマウイは無視して悪戯をしかけ、酷い目にあう。

英雄マウイ ― マフーイカの火を消そうとする。 → 火の女神マフーイカ（マウイの祖母）
← 焼き殺してしまおうとする。

マウイが、別の祖先タフイリーメーテアとホワティティリーマタカタカに頼んで降らせた雨により、マフーイカの火は消えてしまう。
ただし、カイコマコなどの木に隠された、わずかな火花が残る。

❖ マウイのしたこと

トリックスターであるマウイは、他にもすごい速度で天空を飛び回っていた太陽を殴りつけ、弱弱しく這うことしか出来なくした。そうして、一日は、今のようにゆっくりになった。
また、船から釣り針を投げつけて、海のそこに引っ掛けた。そして、海から陸地を引っ張りあげて、島を作った。
そして、最後に、人間に死をもたらしたのもマウイである。マウイは人間が死なないようにしてやろうと、死の女神を出し抜こうとした。だが、死の女神（マフーイカの妹）は、姉の事件などからマウイの企みを知っており、マウイの計画は失敗した。そして、マウイは死んでしまい、人間も死から逃れられなくなった。

No.067 火の起源(オーストラリア)

人間は動物の火を奪ったという神話は多い。けれど、どの動物が最初に火を持っていたかには、地域ごとの特徴がある。

●木の中に入った火の力

火は、昔動物が持っており、人間は火を持っていなかったという神話は世界に多い。文化的・遺伝的に孤立しているように見えるオーストラリアですら、動物の火を人間が手に入れたという神話を持っている。もちろん、オーストラリアは広いので、違う神話も存在するのだが。

オーストラリアでは、火はグランピア山脈に棲むカラスが持っていた。もちろん、カラスは火がとても貴重なものであることを知っていたので、他の誰にも使わせようとはしなかった。

ところが、赤い尻尾(火の尾)のミソサザイ(ユーロイン・キーア)という鳥が、カラスがつけ木(火をつけるのに使う木)を口にくわえて遊んでいるのを見て、その木を持って逃げた。そこに、タラクックという鷹が現れ、ミソサザイから木を奪って、その木で国のあちこちに火をつけて回った。

おかげで、この国にはあちこちに火が存在し、人間もその火を使うことができるのだという。

また、別の神話でも、同じミソサザイが主人公になっている。

昔、火はアボリジニを嫌っている2人の女が持っていた。アボリジニたちは火を持たず、寒さで震えていた。そのとき、1人の男がこの女たちに、愛している振りをして近づいた。そして、一緒に旅に出ようと誘い、その隙につけ木を奪い、背中に隠して逃げた。そして、アボリジニたちに木を与えた。おかげで、アボリジニは今では火を起こすことができるようになった。

この男は、現在ではミソサザイの姿になって、背中に火を隠したために、尻尾が赤くなっているのだという。

ニューサウスウェールズのタタチ族の神話では、火はグーランバンという名のドブネズミが持っていた。それを鷹が飛び散らせて、そこら中を焼け野原にした。人間は、それ以降、火が使えるようになったのだという。

鳥たちが火を奪いあう

グランピア山脈のカラス
火が貴重なものであることを知っていたので、誰にも使わせようとしなかった。

▼

赤い尻尾（火の尾）のミソサザイ
カラスが火をつけるのに使っていた木を持って逃げた。

▼

タラクックという鷹
ミソサザイから木を奪って、その木で国のあちこちに火をつけて回った。

▼

おかげで、あちこちに火が存在し、人間も使うことが出来る。

神話の残る地域

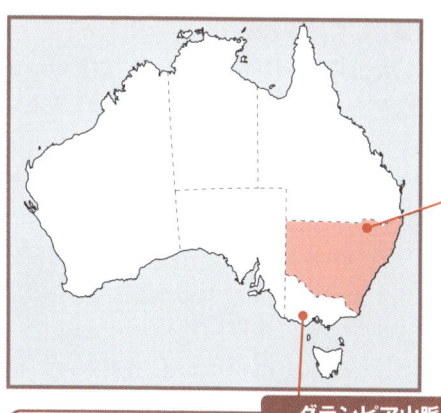

ニューサウスウェールズ
オーストラリア南東部。キャンベラやシドニーなどの都市があり、オーストラリアで最も発展した地方である。

グランピア山脈
オーストラリア南部にある、アデレードから、スペンサー湾を挟んだ向かい側にある（オーストラリアの中では）小さな山地（日本サイズで見れば、中部山岳地帯全てをまとめたくらいの広大な山地）である。世界最古の山地として、現在ではグランピアンズ国立公園となっている。

No.068
火の起源（アフリカ）

アフリカは広大で、それぞれの民族が、それぞれ異なった火の起源神話を持っている。その中から、一つ紹介しよう。

●女が知恵で火と地位を得る話

　コンゴに住むブションゴ族も、最初は火の作り方を知らなかった。落雷などで発生した火を持ち帰るしかなかったのだ。だがあるとき、ケリケリという男の夢枕にブンバ（神の名前）が立ち、乾いた木を擦って火を作る方法を教えてやった。

　ケリケリは、この秘密を誰にも言わずにいて、村中の火が消えてしまったときに、高い値段で火を売った。誰もが、その方法を知りたがった。

　王の娘にカテンゲという美しい娘がいた。王は娘に、「もし男から火の作り方を聞き出せば、お前を男と同様に遇し、兄たちの席に座らせてやろう」と言った。

　カテンゲは、男に偽りの愛を仕掛け、男は娘に夢中になった。

　ある夜、村中の火をわざと消し、娘は男の下に行った。だが、震えているばかりで何もしない。男が問うと、「あなたの顔が見たい」と言う。男が、近所に火を借りに行くと、どこにも火は無い。

　ついに、男は諦めて、火起こしの棒を擦って、火を作った。娘は、それを注意深く観察し、そして秘密を知ると笑い出した。「王の娘である私が、あなたのような男を愛するとでも思ったの」と言い、火の作り方を触れ回った。

　そして、父親には「権力のある王が失敗したのに、智恵のある女は成功した」と言った。

　これ以後、ブションゴ族の王には、カテンゲという女の相談役がいて、重要な地位を占めている。騙された男は哀れだが、こんな狡賢い女を妻にしなくてすんで良かったのかもしれない。

　もちろん、動物から火を奪った神話もある。アンゴラのベルグダマ族には、ライオンの家で、火の中に子ライオンを突き飛ばし、その隙に火を奪ったという神話がある。火の持ち主がライオンなのは、さすがアフリカと言えよう。

王女の偽りの愛

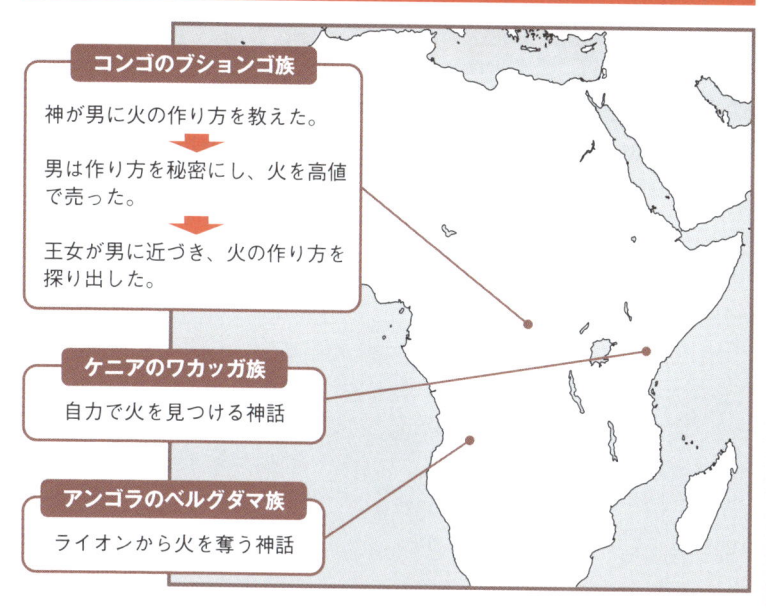

コンゴのブションゴ族

神が男に火の作り方を教えた。

↓

男は作り方を秘密にし、火を高値で売った。

↓

王女が男に近づき、火の作り方を探り出した。

ケニアのワカッガ族

自力で火を見つける神話

アンゴラのベルグダマ族

ライオンから火を奪う神話

❖ 自力で火を見つける神話

ワカッガ族の神話では、昔は人々は火を知らず、食べ物も生で食べなければならなかった。バナナですら硬かった。

そんな時、若者が、矢で遊んでいて、矢を丸太の上に立て、両手で挟んで回した。すると、矢がとても熱くなった。友達に熱い矢を当てると、相手は悲鳴を上げて逃げていった。若者は得意になって、もっともっと矢を回した。すると、遂に炎が出て、そこにあった枯れ草がウォーウォーウォーと音を立てて燃え出した。

人々は、「こんな怪しいものを持ってきたのは誰だ」と言って怒った。そこで、若者は人々の前で火を起こして見せた。だが、大人たちは、「わしらの草や木を食べてしまうものを作るなんて」とますます怒った。

灰の中からバナナを取り出して、若者たちも、「俺たちの食べ物はウォーウォーのためにダメになってしまった」と嘆いたが、それでも腹が減っていたので、かじってみた。すると、生のときよりもずっと良い味がする。

それ以降、人々は、バナナを焼き、他のものも焼いて食べるようになった。

No.069
火の起源（フランス）

キリスト教の影響で見えにくくなっているが、ヨーロッパだって、それぞれの地域に、それぞれの火の起源神話はある。

●小さな鳥の手柄

　フランスのノルマンジー地方に残る神話では、火を手に入れたのは、ミソサザイという小鳥だ。

　昔、人間は火を持っていなかった。そこで、神様にお願いして火を貰おうということになった。だが、神は、遙か遠く（おそらく上空高いところ）にいる。大きな鳥たちも尻込みした。ヒバリも断った。そのとき、小さなミソサザイだけが、「誰も行かないなら、私が行きましょう」と言い出した。

　皆は、「その短い羽では着く前に疲れてしまう」と彼女を止めたが、ミソサザイは「途中で死んだらそれまでのことです。とにかくやってみます」と答え、遠い旅へと出かけた。

　ミソサザイが苦労して神のところに着くと、神はその苦労を思いやって、ひざの上で休ませてやった。だが、神は小鳥が地上につくまでに焼け死んでしまうだろうと思い、火を与えるのをためらった。

　だが、どうしてもとミソサザイが言うので、「わかった。お前の欲しがっているものをやろう。だが、ゆっくりと飛ぶのだ。さもないと、羽に火が燃え移って焼け死んでしまうからね」と、忠告した。

　ミソサザイは、始めは忠告に従ったが、地上が見えるとうれしさのあまり急いで飛んでしまい、羽が燃えてしまった。人々は火を手に入れたが、ミソサザイの羽は全て燃えて丸裸になってしまった。

　そこで、鳥たちは、自分の羽を1本ずつ抜いて、ミソサザイに与えた。このため、ミソサザイの羽は、今でも斑模様になっているのだという。

　だが、このとき、ミミズクだけは、羽を惜しんで与えなかった。鳥たちは、ミミズクを憎み襲うようになったので、今でもミミズクは夜にしか現れない。

　ノルマンジーの人々は、ミソサザイを恩人として、決して捕まえたりはしない。もし、そんなことをすれば、不幸が降りかかると信じられている。

ミソサザイの冒険

遙か遠くにいる神様に火をもらいに行く。
➡大きな鳥がしりごみするが、小さいミソサザイが立候補。

神のところにたどりつき、火をもらう。
➡ゆっくり飛ぶようにと忠告を受ける。

地上が見えるとスピードを上げてしまう。
➡火が羽に燃え移り、丸裸になってしまう。

鳥たちが自分の羽を提供。
➡ミソサザイが今のような斑模様になる。

神話の残る地方

ノルマンジー地方

元々は、ケルト人の住む地域だったが、北方から来たノルマン人(いわゆるバイキングのこと)の侵略を受け、その支配下に入った(だからノルマンジーという)。

11世紀には、ノルマンジー王ギョームがイギリスを征服し、ノルマン王朝を築いた(ノルマンコンクエスト)。

このような歴史を持つため、フランスの中では独自の地方色を持つ。

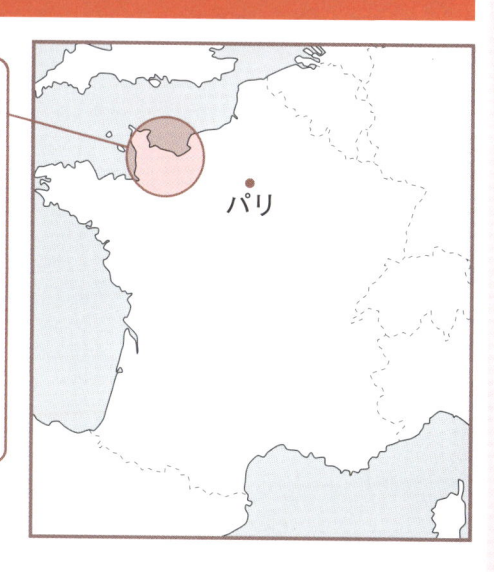

パリ

正しく怖がろう

　現代では、人類はついに原子の火、原子力まで手に入れてしまった。

　けれども、原子力というと、放射能という恐ろしいものが出ると忌避する人も多い。けれども、訳も判らず怖がっているだけでは意味が無い。原子力を怖がるのは正常だが、正しい知識を持った上で、正しく怖がる必要がある。

　さもなければ（実際にかなりいい大学出の人でも、こんな愚かなことを言う人は存在するのだが）、電磁波は身体に悪いというのを信じて、「家ではパソコンには触らないようにしています。家ではケータイだけです」なんて言うことになる。

　この話を聞いて、呆れた人は正常である。携帯電話は、パソコンより遥かに強力な電波を出している。そう言うと（これまた驚きなのだが）、「ケータイは電波だから、電磁波じゃない」と答えた人すらいるらしい。

　電波って電磁波のことなんだよ。

　電磁波は身体に悪いというのは、まだ検証されていない。けれども、もしかしたら影響はあるかもしれない（今のところ、そのような実験データは無いが）。だから、電磁波を避けるというのまでは、（ちょっと心配性すぎるかもしれないが）ありうる判断だ。

　でも、だからケータイを使いますというのは、愚か者のやることだ。

　電磁波が怖いなら、強力な電磁波を頭の近くで発する（電磁波の強さは距離の二乗に反比例するので、離れれば急速に弱くなる）ケータイよりも、パソコンを使うほうが遥かに安心なのだ。

　原子力で言うなら、「放射線」と「放射能」の区別ができてない人が多い。「放射能」とは、「放射線」を出す力のこと（もしくはその力を持つ物質のこと）を意味する（放射能を持つ物質は放射性物質と呼ぶこともある）。

　人体に影響を及ぼすのは放射線だ。微量の放射線は、常に宇宙から降り注いでいるし、実は少量ならよい影響を与えることもある。ラジウム温泉なんてラジウムの出す少量の放射線が身体にいいとされているからだ。けれども、放射線を大量に浴びると、死んだり癌や白血病になったりする。

　放射能が怖いとされるのは、放射線を出すから。けれども、放射能が漏れたからと毎回怖がっていても意味が無い。漏れたのが、ラジウム温泉程度の放射線を出す放射能か、危険なレベルの放射線を出す放射能か判断する。ラジウム温泉程度だったら、漏れたことは問題とすべきだが、怖がる必要は無い。

　意味の無いところで怖がっていては、無駄に怖がることが多くなりすぎる。それでは、いずれ怖がり慣れしてしまい、狼少年のように本当に怖がるべき時に怖がらなくなってしまう。

　ラジウム温泉程度の放射能漏れでいちいち怖がっていたのでは、本当に危険な放射能漏れのときに逃げ損ねてしまうだろう。

第3章
火の物語

No.070
不知火
しらぬい

熊本県で現在でも見ることができる不知火とはどんなものなのか。本当に、幻の火なのか。

●海に光る謎の火

　熊本県八代海（旧：不知火海）北部の沖合いに見える謎の火。晴れて昼夜の気温差が大きいときに見られ、風雨のときには見ることができない。最初一つか二つ（これを親火と言う）だったのが、左右に分かれて水平線上に並んだり、上下に分かれたりする。

　古くは、『日本書紀』の「景行天皇記」に、不知火のことが書かれている。天皇が船で海を渡って熊本に行こうとした。だが、夜になってしまい、どちらに岸があるのか判らない。そのとき、「遥かに火の光視ゆ」。その光に向かって進むと岸に着くことができた。そして、その火について尋ねた。いったい誰が火を灯したのかと。だが、誰もそのような人はいなかった。「茲に知りぬ、人の火に非ずといふことを」つまり、この火は人外の火だったのだ。「故、其の国を名けて火国と曰ふ」これが、**火の国**の名の元だという。

　あまり知られていないが、熊本が火の国なのは、阿蘇山のためではなく、不知火のためだったのだ。

　かつては、不知火海の海底に竜宮城があり、その灯りが年に1度旧暦8月1日（新暦では9月の後半）に海の上に浮かび上がって見えるのだと言われた。このためか、俳句では秋の季語とされる。

　だが、『日本書紀』の記事には、矛盾がある。不知火は、元々沖合いの火であって、それに従って進んでも、陸に着くことは無い。生物学者の神田右京は、『不知火・人魂・狐火』の中で、これらの矛盾を指摘し、その科学的分析を行っている。

　現在では、沖の漁船の光が、一種の蜃気楼現象によって、上空に映ったり、また空気温度の差によって、一つの光が複数に分裂したりして起こる現象だと解明されている。

古代からあった不知火

不知火
熊本県八代海（旧：不知火海）北部の沖合いに見える謎の火。

見える
晴れて昼夜の気温差が大きいとき

見えない
風雨のとき

『日本書紀』の不知火

天皇が船で熊本に行こうとした。
▼
夜になってしまい、岸が判らない。
▼
遥かに見える光を頼りに進み陸に着いた。
▼
誰も火を灯したものはいなかった。

右：鳥山石燕の『今昔画図続百鬼』の「不知火」も『日本書紀』の不知火の場面を描いたもの。

不知火海

不知火
八代
八代海
旧不知火海
熊本

関連項目

●火の国→No.097

No.071
狐火

闇夜に見える光を、狐が灯しているのだと信じて「狐火」と呼ぶ。通常は、「きつねび」と読むが「きつねっぴ」と読む地方もある。

●人をだまさない狐の火

　狐火は、狐が口から吐いた火、尻尾に火を灯したもの、狐が手に持つ提灯であるなどの説がある。最後の場合、「狐の提灯」と呼ぶ場合もある。

　狐火には、単独で光るものと、いくつもの火が連なっているものがある。後者を特に、「狐の嫁入り」と言う。天気雨の「狐の嫁入り」とは異なる。

　空に、存在するはずのない月が出ている場合、これを狐の月と呼ぶこともある。いずれも、狐が人を化かすという話に登場する。

　東京都北区王子に王子稲荷がある。この地域は江戸時代は一面の田畑や野原であり、その真ん中に大きな榎の木があったという。大晦日の晩に関東中の狐がこの榎の下に集まって、装束を正して、関東総社である王子稲荷へ参ったという伝説がある。このとき、榎の根元に集まった狐たちが、狐火を燃やすのだという。

　近所の農家は、その狐火を見て、「今年は多いから豊作だ」とか「少ないから稲のできは悪いだろう」と、その年の農業を占う。ちなみに、この光景を描いたのが、歌川広重の名所江戸百景の一つである「王子装束ゑの木大晦日の狐火」である。

　この言い伝えから、榎のところに王子稲荷の摂社として装束稲荷の祠が建てられた。けれども、昭和4年の道路拡張のため、装束榎の碑と稲荷は別のところに移された。現在では、毎年大晦日に装束稲荷から王子稲荷までの狐の行列が行われており、地域のお祭りとなっている。

　狐火は、冬の季語にもなっており、与謝蕪村に「狐火や髑髏に雨のたまる夜に」、正岡子規に「狐火の湖水にうつる寒さ哉」という俳句がある。

　狐火に対抗するように、狸の火というものもあり、これは**花火**のように高く上がる火の玉のことで、にもかかわらず音は全くしない。見える奇かしを作るのに精一杯で、音まで手が回らないのだと言われている。

狐火の色々

狐火 ＝ 狐が灯しているのだと信じられた、闇夜に見える光。

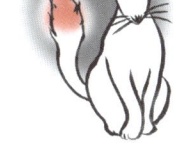

口から吐いた火　　尻尾に灯が灯っている　　手に提灯を持っている

絵画に見る狐火

鳥山石燕の狐火

鳥山石燕は、『画図百鬼夜行』で狐火を描いているが、この狐火は、狐が骨をくわえており、その骨から光が発している。その意味では、狐火とも鬼火とも思える火である。

歌川広重の狐火

広重の『名所江戸百景』の一つである「王子装束ゑの木大晦日の狐火」は、大晦日の晩に、関東中の狐たちが王子稲荷の榎の下に集まるという伝説の情景を描いたものだ。

関連項目

●花火→No.102

No.072
セント・エルモの火

Saint Elmo's fire

嵐の夜、教会の尖塔や船のマストに現れる、青白い炎。これを吉兆と見るものも、凶兆と見るものもある。

●マストの先に怪しく光るもの

嵐の夜、船のマストや帆桁の先に、青白い火花のようなものが見える。これをセント・エルモの火と呼ぶ（本来は船乗りの守護聖人として知られる聖エラスムスの火であり、これが変化してセント・エルモになった）。

聖エラスムスは2人いるが、船乗りの守護聖人はフォルミアの聖エラスムス（St.Erasmus of Formiae）のほうなので間違えないこと。

セント・エルモの火は、実は放電現象の一つである。上空の帯電した雲と地上の電位差が大きくなったときに、このようなコロナ放電が起こる。

聖エラスムス教会でしばしば火花が見られたからだという俗説もある。同様に、高山の山頂などにも見られることがある。これからも判るように、周囲に比べて高く、また尖った先端部分に、セント・エルモの火は発生する。

しかし、もっと古くギリシャ・ローマ時代は、この火はカストルとポルックスと呼ばれ、船乗りは嵐の中に双子が彼らを救いに現れたのだと言った。つまり、二つ輝くセント・エルモの火（当時は、当然このような名前は無かった）は、船を嵐から救う光だったのだ。だが、一つしか光らない場合、それはヘレナ（双子の妹でトロイヤ戦争の原因となったあのヘレナだ）と呼ばれて、船を沈める不吉な徴とされた。

このセント・エルモの火が吉兆であるという説は、大航海時代になっても根強く、マゼランは世界一周の途中で3柱のセント・エルモの火を見て、3人の守護聖人に護られたのだと信じ、嵐の後で3人の奴隷を生贄に捧げて感謝の意を表した。彼らは、奴隷は人間ではないと考えていたので、牛か何かを生贄にするのと同じような気持ちだったのだろう。

この火は中国では「馬祖火」と呼ぶ。馬祖とは、その名の通り馬の祖先の神だ。中国の船乗りの伝説では、荒天の夜に馬祖火が暗いと、その船は沈没してしまうという。逆に言えば、明るく輝く馬祖火は吉兆なのだ。

幸運の兆しか不幸の兆しか

セント・エルモの火

嵐の夜、船のマストや帆桁の先に見える青白い火花のようなもの。コロナ放電だと言われている。

コロナ放電

尖った電極の周りに不均一な電界が生じることにより起こる持続的な放電。

聖エラスムス教会の鐘楼

セント・エルモ

↑

聖エラスムスが変化

↑

聖エラスムス

イタリアのラツィオ州の村フォルミアの聖人。

元々は、地中海を旅する船員たちに崇拝されてきた。

この聖エラスムス教会の鐘楼の先端に、セント・エルモの火が良く出たとも言われている。

No.073
女髪の火

人体発火現象というものがあるが、これもそのうちの一つかもしれない。髪から火が出るという怪談だ。

●江戸の怪異譚

寛文10年に出た中山三柳の『醍醐随筆』に、一種の怪異譚として以下のような話がある。

ある人が召し使っていた下女が、夜に閨に入って髪を梳った。灯がなく暗いときに梳るたび髪の中から火炎がはらはらと落ちる。驚いて取ろうとすると消えてなくなり、梳るとまた出る。蛍が集まって飛び散るようだ。その女が主に言うと、一家がことごとく集まって、こんなことは初めてだと、彼女を追い出した。女は、泣く泣く惑い歩いたが、ふとしたことで富豪の妻となって子孫は栄えたという。

可哀想な話かと思いきや、実は富豪の妻になってめでたしめでたしで終わる。同様の話は、中国にもある。

また江戸時代の漢方医である和田東郭の談話を、門人の久保喬徳が筆記して文政4年に書かれた『蕉窓雑話』にも似たような話が載っている。

松原才次郎の門人、橋爪順治という人が、病気療養中に髪の中から火の出た婦人を治したことがある。その人は、髪を梳るごとに、ハツハツと火の出る音がして、夜だと音だけでなく、火がたくさん出た。この薬方は三黄加石によって完全に治った。

こちらでは、完全に病気扱いされてしまっている。

実際には、これは静電気のことであろう。毛織物を使うことのほとんど無かった江戸時代の日本では、あまり静電気でパチパチいう人は多くなかったのだろう。

ちなみに、稀ではあるが、真の暗黒にすると、静電気の光を見ることもできるという。現代日本では周囲の明るさを拾ってしまって、真の暗闇を作るのは困難だが、江戸時代までの日本では、灯を消せばすぐに暗闇が生じた。だから、このような静電気の火花も観察できたのかもしれない。

髪から火を出す女

『醍醐随筆』

ある下女が、灯がなく暗いところで髪を梳るたびに……。

髪の中から、蛍が集まって飛び散るような火炎がはらはらと落ちた。

主の一家に、こんなことは初めてだと追い出されてしまった。

⬇ **怪異扱い**

『蕉窓雑話』

ある病気療養中の婦人が、髪を梳るごとに……。

ハツハツと音がして、夜だと音だけでなく、火がたくさん出た。

橋爪順治という人の三黄加石という薬によって完全に治った。

⬇ **病気扱い**

正体は静電気!?

帯電した物体（人体も含む）が、他の導電性の物体に接触もしくは接近すると、放電が発生することがある。これを、静電気放電（ESD）という。この現象は、湿度に大きな影響を受け、湿度が10～20%だと、3万Vを越える。江戸時代の女性はたいへん長い髪をしており、乾燥した地域で髪を梳けば、静電気が発生しやすいのも当然である。

❖ 黒猫の不吉

女性の髪が火花を出すのと同じ理屈で、黒猫の毛皮も火花を出すことがある。実は、黒猫でも白猫でも火花の出る確率は同じなのだが、背景が黒いほうが、火花が良く見えるのだ。

このため、黒猫のほうが、より不気味であり、より不吉であるという考えを生み出させたのかもしれない。

第3章●火の物語

No.074
人体発火現象
Spontaneous Human Combustion

何の理由も無く、突然に人間だけが燃え上がり、跡形も無く燃え尽きてしまう。そんなことが本当にあるのだろうか。

●謎のオカルト現象

　1951年7月2日、フロリダ州に住むメアリー・リーザーという67歳の女性が、室内で焼け死んでいるのが発見された。ところが、人間が焼き尽くされているにもかかわらず、室内に延焼した形跡は無く、出火原因も判らない。まさに謎の焼死である。

　また、このような、周囲が燃えていないにもかかわらず人間だけが燃えるという謎の焼死事件がいくつも発生しており、これらを総称して、人体発火現象と呼ぶ。一種のオカルト事件として、広く知られている。

　しかし、実のところ、そのほとんど全てはオカルトなどによらなくても説明が可能なものばかりである。

　例えば、メアリー・リーザーは、最後に息子に睡眠薬を飲むと話しており、また出火原因が煙草であることも判っている。つまり、睡眠薬で眠ったまま、寝煙草の火が服に着火して焼け死んだ。

　その後、蝋燭化現象（衣服が蝋燭の芯の役割をし、人体の脂肪がロウの役割をして、長時間燃え続ける現象のこと）により、長い時間（検証によると、リーザー事件の場合10時間以上）にわたってとろ火で燃え続けたために、骨まで焼き尽くされた（火葬場では高温短時間で焼くが、低温長時間の燃焼でも、同じようなことが起こることは判っている）。

　また、室内に全く延焼の跡が無かったというのは、オカルト愛好者による嘘で、リーザーの場合、死体の近くにあった家具なども延焼して燃え尽きている。ただ、床がコンクリートだったので壁まで延焼せず、また天井に火がつかなかったのは、幸運と言えるだろう。

　このように、現在知られている人体発火現象は、ほとんどが煙草の不始末によって服やシーツなどに火がついたのが原因と判っている。本物のオカルト現象は、存在するのだろうか。

人体発火の真相

人体発火事件（リーザー事件）の謎

突然人間が燃え上がった。出火原因は判らない。

理由も無く、人間が跡形も無く骨まで焼き尽くされた。

人間が焼き尽くされているにもかかわらず、延焼した形跡は無い。

⬇

科学的説明

睡眠薬で眠ったまま、寝煙草の火が服に着火したことによる出火。

蝋燭化現象により、長時間燃え続けたため骨まで焼き尽くされた。

死体の近くにあった家具なども延焼して燃え尽きている。

❖ ベントレー事件

リーザー事件に匹敵する有名事件。

これも、オカルトマニアは、謎の発火現象で発火原因は不明と言っているが、実はベントレーは重症のパイプ愛好家で、しばしば衣服にパイプの灰を落として焼け焦げを作っていた（彼の衣類には、焼け焦げの付いたものがたくさんあった）。よって、今回の発火原因も、おそらくパイプの灰がローブに落ちて火がついたものと考えられている。

延焼しなかったのは、ベントレーがローブに火がついたときに、バスルームに駆け込み、そこで焼け死んだからである。バスルームならば、他に燃える物が無く、延焼しなくても不思議ではない。

No.075
ヘロンとアテナ神殿

Heron and Temple of Atena

ヘロンの設計したアテナ神殿は、聖火を灯すと扉が開き、女神が姿を現したという。

●古代ギリシャの数学者

ヘロンは、古代ギリシャの数学・物理学者で、アレクサンドリア学派の中心人物（紀元前後に活躍したとされる）として知られる。二次方程式の解や、平方根の近似値の求め方など、様々な数学的業績を上げている。また、物理の面でも、空気の膨張や、光の反射などの研究を行った。

このヘロンは建築にも造詣が深かったらしく、アテナ神殿やバッカス神殿などの設計を行った。単なる建築物を作るのでは、物理学者として沽券に関わるとでも思ったのか、様々な仕掛を施した。

中でも最も有名なのが、アテナ神殿の自動扉である。

アテナ神殿の前には、聖火台がある。そこに聖火を灯すと、しばらくして神殿の扉が自動で開き、中からアテナ神が顔を見せる。

聖火を消してしばらくすると、扉は自動的に閉まる。

扉が開く仕組みは、非常に簡単だ。右ページ上図のCを下に引っ張れば、紐でDが回り扉は開く。手を離せば、Eの錘によって反対向きに紐が引っ張られ、扉は閉まる。では、どうやってCを下に引っ張るのか。

聖火を灯すと、Aの下にある空気溜まりが熱せられて膨張する。すると、その膨張した空気はBのタンクの水面を押す。すると、押された水は、パイプを通って、Cのバケツに溜まる。よってバケツがEよりも重くなって、紐を引っ張る力を得る。

聖火が消えれば、空気溜まりは冷え、空気は収縮する。だから、Bの水面が上昇する。つまり、Cから水が減ってしまい、バケツはEよりも軽くなってしまうのだ。

この神殿が実際に作られたのかどうか、それは判っていない。ただ、この仕組み自体は物理的に無理の無いものなので、きちんと作りさえすれば、ちゃんと稼動しただろう。

古代の機械仕掛け

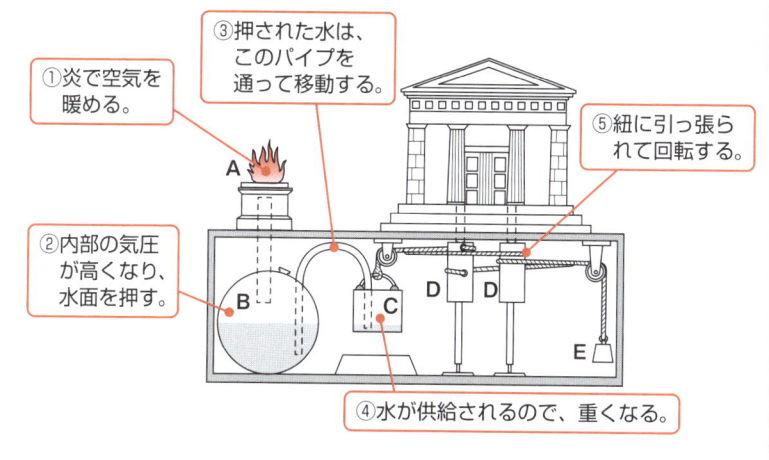

① 炎で空気を暖める。
② 内部の気圧が高くなり、水面を押す。
③ 押された水は、このパイプを通って移動する。
④ 水が供給されるので、重くなる。
⑤ 紐に引っ張られて回転する。

ヘロンの業績

　ヘロンは、ヘロンの公式、ヘロンの噴水などでも有名である。
　ヘロンの公式は、三角形の三辺の長さから面積を求める公式で、現在でも利用されている汎用性の高いものである。
　ヘロンの噴水は、水の圧力差を利用して、動力なしで噴水を噴出させる仕組みで、簡単に作れるので小学生の工作などでも作られることがある。

ヘロンの公式

長さa, b, cの線分を辺とする三角形がある時、面積をSとして

$$S = \sqrt{s(s-a)(s-b)(s-c)}$$

が成立するというもの。ただし、

$$s = \frac{1}{2}(a+b+c)$$

とする。

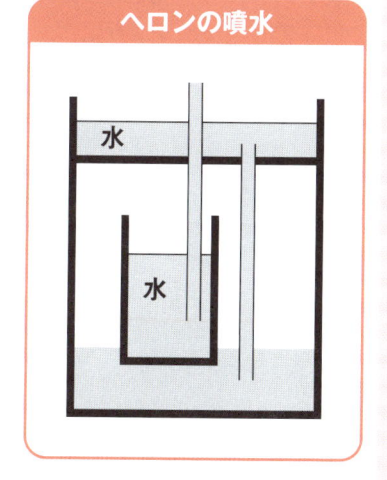

ヘロンの噴水

No.076
聖火

Olympic Flame

オリンピックの象徴とも言える聖火だが、いったいいつから始まったものなのか。

●100年も経っていない聖火の歴史

　ギリシャ神話の**プロメテウス**の神話、人間に火を与えた神話がある。古代ギリシャでは、この神話を記念して、古代オリンピック開催期間中には、聖なる炎が灯されていたという記録がある。

　これに想を得て、近代オリンピックでも火を灯したらどうかと考えたのが、1928年のアムステルダムオリンピックであった。これが大変インパクトがあったためか、その後のオリンピックでは聖火を灯すことが当然のこととなってしまった。

　さらに、1936年のベルリンオリンピック（ナチスドイツが開催したことでも有名）では、聖火をリレーして運ぶというアイデアが取り入れられた。現在の聖火ランナーは、ナチスの発明だったのだ。

　ただし、この聖火リレー、ナチスによる軍事目的の実地踏破調査（敵国に侵攻する前に、その地域の地形や交通を調査しておくこと）の隠れ蓑だったのではないかという説もある。

　現在では、聖火はギリシャのオリュンピアにあるヘラ神殿跡において、凹面鏡によって集められた太陽光線を巫女（に扮したギリシャの女優さんたちらしい）の持つ松明に集めて着火させる。

　聖火は、ランナーによって運ばれるのが基本ではある。だが今までのオリンピックでは、様々な方法で会場まで運ばれた。最も奇妙なものは、電波によって送られた炎のデータが、レーザー光線に変換されて、受信場所で再着火されたという1976年インスブルックオリンピックだろう。他にも、ダイバーによって海中を進んだり、コンコルドに乗ったりしている。

　2004年のアテネオリンピックでは、通常の聖火リレーでは距離が短すぎるため、世界各地のオリンピック開催都市を巡ってアテネに戻るという世界一周聖火の旅が行われた。

聖火のルーツ

プロメテウスの神話

人間に好意的だったティターン神族のプロメテウスが、ゼウスから火を盗み、人間に与えた。このことで、彼は岩に縛り付けられ、永遠に肝臓を鷲に食われるという罰を受けた。

この神話を記念して……

古代オリンピックで灯された聖なる炎がルーツ

聖火年表

年代	できごと
紀元前	古代オリンピックでは、開催期間中に聖なる火を燃やした。
1896年	アテネで第1回近代オリンピック開催。
1928年	アムステルダムオリンピックで聖火を点灯。
1936年	ベルリンオリンピックで聖火リレー。
2004年	アテネオリンピックで聖火を世界一周させる。

太陽から得る聖火
聖火は、太陽光線を集めて火をつけることに決まっている。天気が悪い場合、順延される。

関連項目
● プロメテウス→No.036

No.077
護摩(ごま)

護摩は、仏教における祈祷のための儀式で、火を焚くことによって祈祷の効果を高める力があるとされる。

● **炎による祈祷**

　護摩というと、仏教（特に密教）の儀式だと思っている人が多い（それは正解である）が、元々はバラモン教のホーマ（「焼く」を意味する言葉）という儀式が、5世紀頃に密教化していた仏教に取り入れられたものだ。そのため、上座部仏教（釈迦の教えに近い、個人の修行を重視する仏教）には、護摩は存在しない。さらに遡れば、バラモン教のホーマ自体が、**ゾロアスター教**の拝火儀式の影響を受けたものではないかと言われている。

　儀式としては、護摩壇という場所を用意し、そこで護摩木という供物を燃やし、祈祷を行うものだ。その祈祷には、無事を祈る「息災法」、より栄えることを望む「増益法」、人との争いを無くす「敬愛法(きょうあい)」、敵を調伏する「降伏法」の四つがある。

　通常は経典を唱えるが、修験道で行われる護摩では九字（臨兵闘者皆陣列在前）を唱えることもある。この九字そのものは、4世紀頃に葛洪(かっこう)が書いた道教の書『抱朴子』内篇巻十七にある「臨兵闘者皆陣列前行」が出典で、その意味では道教の影響も受けている。

　密教の護摩は、後期になればなるほど豪華で派手になる。数多くの壇を置き、多くの仏を招けば、それだけ験(げん)（祈祷の効果）があると考えられたからだ。本尊を飾る大壇、護摩を焚く護摩壇、十二天を供養する十二天壇、歓喜天を供養する歓喜天壇の四つを置くと最強とされたが、平安時代には、これらの4壇を置いての祈祷は禁止された。そのように強力な修法は、国家のみが行えるものとされたからだ。

　修験道でも護摩を焚くが、これは主に屋外で行われる柴燈護摩(さいとう)（または採灯護摩）と呼ばれるものだ。笹と荒縄、御幣などで結界を作り、その中に丸太を井桁に積み上げ、その上に葉のついた枝を乗せて炎を作る。密教の護摩よりも炎が大きく豪快な護摩である。

火によって祈りをかなえる法

密教の護摩

平安時代は、たった一つの願い事のために4壇もの大規模な護摩祈祷が行われたが、現在では1壇で多くの人々から集めた護摩木を燃やしている。

修験道の護摩

山伏などが行う護摩。修験道では、密教からやってきた護摩と、道教から受け継いだ九字を同時に使用するなど、混交宗教的な面が多い。

4種の護摩壇

現在では、護摩壇と言えば、必ず四角形である。だが、実は、祈祷の種類によって、護摩壇の形は変えなければならないのだ。

息災法	増益法	敬愛法	降伏法
丸い護摩壇	四角の護摩壇	八角の護摩壇	三角の護摩壇

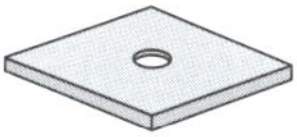

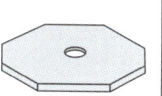

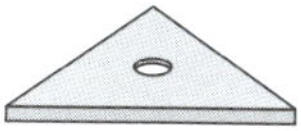

関連項目

●ゾロアスター教→No.028

No.078
精霊流し
しょうりょうながし

お盆に行われる。盆に帰ってきた先祖の霊を、お供えや灯籠とともに船に載せて流す。

●静かな精霊流しとうるさい精霊流し

　精霊流しは、死者の霊をあの世に送り帰す祭礼である。流し雛との関連性も指摘される。大抵の地域では、8月15日か16日に行われる。火によって、死者の霊を送るという意味では、**送り火**と同じシステムである。

　特に長崎県の精霊流しが有名で観光客も集めるが、精霊流しという儀式自体は日本各地にあり、それぞれの地域でそれぞれの船を作り、死者を見送っている。オモチャの船くらいの大きさに、灯籠を一つだけ灯し、川に流すというのが普通の精霊流しである。これを灯籠流しともいう。

　ただ、最近では環境問題に配慮するため、実際に川に流すことを禁止している自治体も多い。下流に網を張って回収している自治体もある。

　最も有名な長崎の精霊流しは、我々が一般的に想像する精霊流しとは大きく異なっており、非常に派手な祭礼で毎年8月15日に行われている。

　先祖を送る船も、提灯をいくつもぶら下げられるような大きなもので、何人もで引っ張りながら、爆竹を次から次へと鳴らして町を練り歩く。はっきり言って、大変やかましい祭礼である（耳栓が必須という）。さだまさしの「精霊流し」をイメージして観光に来て、ショックを受ける人も多い（詩にも「精霊流しが華やかに」と、派手であることが示されているが）。

　精霊船は、町内で作るものと家族で作るものがある。

　町内で作るものは、町ごとにその地域の先祖を送る船である。

　それに対し家族が作るものは、新盆の家庭が、その年に死んだ家族の霊を送るために作る。数十cmから、10mを越える巨大なものまである。商店主が死ぬと店名が大きく描かれた船が作られるし、故人の好きだったものが飾られている船も多い。しかし、飾られているものが子供のオモチャだったりすると（そういうものもあるのだ）、子供を亡くした親御さんの気持ちを考えてしまい、派手な中にも物悲しさを感じさせる祭りでもある。

火によって死者を見送る法

精霊流し

- 死者の霊をあの世に送り出す祭礼。
- 大抵の地域では8月15日か16日に行われる。

一般の精霊流し

- 数十cm程度の玩具の船に、小さな灯籠を乗せて川に流す。
- 地方によっては、先祖送りの儀式として、送り火を焚いたり、護摩を焚いたりしつつ精霊流しを行うところもある。

長崎の精霊流し

- 数十cm～10mを越える巨大な船に、多数の提灯や満艦飾の飾り物を載せ、爆竹を打ち鳴らしながら、街を練り進み、そのまま海へと船出する。
- このような派手な精霊流しは、長崎だけではなく、近隣の島原地方などでも行われている。

関連項目

- 送り火→No.079

No.079
送り火

京都五山の送り火と言えば、日本のお盆を代表する行事で観光客も多い。だが、これはいつ頃からあるのか。

●火による死者の送り迎え

　お盆に帰ってきた死者の霊を再び送りだすために焚かれる火。8月15日か16日に行われる。精霊流しで灯される火も、送り火の一種である。

　通常は、門や墓などで送り火を焚いて、先祖をあの世へと帰す。盆に死者に備えた供物や、死者を迎える際に作ったナスやキュウリの馬などを一緒に船で流すという、いわゆる精霊流しの儀式を同時に行うことも多い。

　これに対し、お盆に帰ってくる死者の霊を迎えるために焚かれる火を「迎え火」と言う。こちらは8月13日に行うところが多い。家の門口で火を焚くだけでなく、山や墓、寺、十字路などに、先祖を迎えに行くこともしばしば行われた。そこから、灯を持って先導し、家までご先祖を案内するのだ。こちらを、精霊迎えと言うこともある。

　京などの都会では、室町時代には年中行事として定着していた。そして、江戸時代になると、全国各地で行われるようになった。

　送り火で最も有名なものは、京都の大文字送り火である。この送り火、記録が定かでないので、いつ始まったのかはっきりしない。少なくとも江戸時代に存在したことは確かなのだが、その前は不明のままである。

　大文字送り火は、毎年8月16日の8時から行われる。現在では、五山大文字と呼ばれているが、これは戦後になってからの呼び名である。というのも、戦前は五山以外にも送り火を焚く山があり、五つではなかったからだ。

　現在では、如意ヶ岳に「大文字」、西山・東山に「妙法」、船山に舟形、左大文字山に「左大文字」、曼荼羅山に鳥居形の6ヶ所で火が焚かれているが、「妙法」を一つと見なして、五山と呼ばれている。

　奈良県高円山でも、毎年8月15日に大文字の送り火が行われているが、こちらは太平洋戦争での戦没者慰霊祭として始まったものなので、その歴史は浅い。

火の二つの役割

迎え火
先祖の霊を迎える火。お盆などに使われる回り灯籠も、迎え火の一種。

⇔

送り火
お盆に帰ってきた死者の霊を再び送り出すために焚かれる火。

日本最大の送り火

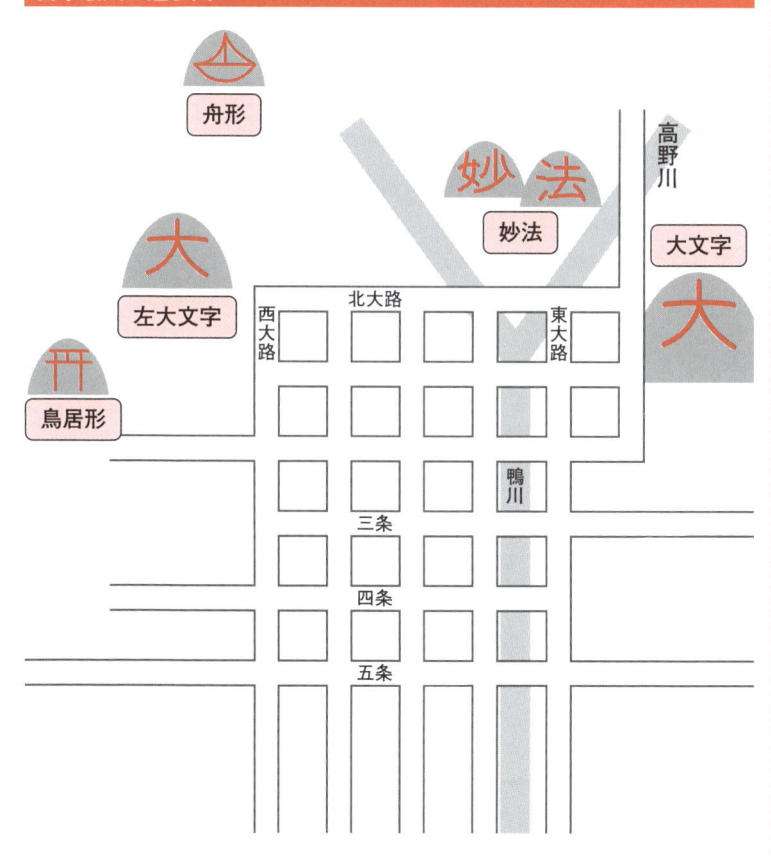

舟形

妙法

大文字

左大文字

鳥居形

高野川

北大路
西大路
東大路

鴨川

三条

四条

五条

関連項目

●精霊流し→No.078

No.080
火渡り

修行を行うものにとって、火渡りはその験（修行の成果）を示す荒行だ。これは、トリックではない。

●火渡りを行える達人とは

　修験者や行者などが行う荒行の一つ。修験道、密教、神道などで火渡りの儀式は行われている。

　火渡りとは、燃えている火の上を素足で歩くものだ。

　仏教的には炎の中を歩くことで、炎の中に勧請した本尊（**不動明王**などの火に関連する仏が多い）と一体化し、精神を研ぎ澄まして、祈願をかなえようというものだ。

　修験道では、柴燈（さいとう）**護摩**を行った後の残り火で火渡りの儀式を行うことも多い。聖なる炎を浴びることで、より清浄な状態になろうというものだろう。

　実際、修行を積んだものが行えば、全く火傷を負わない。そのため、奇跡か超能力の類だと考える人も多いが、実は科学的原因のある現象である。

　まず、火渡りは、石炭もしくは木炭化した木などの上を歩く。これらは、非常に比熱（物体の温度を1度上げるのに必要な熱量）が低く、高温ではあっても熱量（他の物体の温度を上昇させる力）が少ない。それに対し、人体の主成分である水は大変比熱が高く、温度を上げるためには、大量の熱量を必要とする。そのため、急激に足の温度が上がることは無い。さらに、残り火となった石炭や木炭は表面に灰がついていることが多いが、この灰は熱伝導率（熱量を伝える早さ）が低く、なかなか炭から足に熱量が伝わりにくい。

　これらの理由から、意を決してさっさと歩いていれば、足の裏が火傷する前に（少なくとも大火傷にならない前に）、通り過ぎることができると言われている。しかし、逆に怯えてしまってそうっと歩いていたりすると、熱が足に伝わってしまい、火傷を負うことになる。

　火渡りを行える人間は、熱い炭の上をさっさと歩くことのできる鍛えられた精神の持ち主であることは、確かである。精神修行の成果を示すという意味では、正しいのかもしれない。

火の荒行の代表例

火渡りを行うのは、修験者などが多い。だが、行事の中には、一般の人が火渡りを行うことのできるものもある。

通常の火渡りは、燃える炭の上を歩く。修験道の火渡りでは、柴燈護摩の残り火を地面に広げ、その上を火渡りすることが多い。

細長く燃えている焚き火の上を飛び越すようにして、火渡りと称している行事もある。

世界の火渡り

火渡りは世界中の宗教者によって行われている。『旧約聖書』の「イザヤ書」43章には、

　水の中を通るときも、わたしはあなたと共にいる。
　大河の中を通っても、あなたは押し流されない。
　火の中を歩いても、焼かれず
　炎はあなたに燃えつかない。（『聖書　新共同訳』日本聖書教会）

とあり、もしかしたらユダヤ教の修行者も、火渡りをしたのかもしれない。

関連項目
●不動明王→No.041
●護摩→No.077
●探湯→No.081

No.081
探湯（くがだち）

ぐらぐらと煮えた熱湯の中に手を突っ込んで、中に沈んだ品物を取りだすという、修験道や密教、神道などで行われる荒行。

●煮えたぎる熱湯を使う荒行

通常は「探湯」と書くが、「盟神深湯」と書いて「くがだち」と読ませることもある。これは、古代日本では、深湯が行ではなく、裁判であったからだ。煮えたぎった湯の中に手を入れて中の物を取り出させると、罪のあるものは火傷をし、罪の無いものは火傷をしないとされる。

『日本書紀』によれば、応神天皇9年4月に、武内宿禰（たけのうちのすくね）が弟の甘美内宿禰（うましうちのすくね）から讒言（ざんげん）を受けた。武内宿禰は弁明を行ったが、天皇にはどちらが正しいか判らなかった。そこで、「天皇、勅（みことのり）して、神祇（あまつかみくにつかみ）に請（まう）して深湯（くかたち）せしむ」とあり、天皇の命令で深湯を行うことになった。結果として、武内宿禰が勝利し、甘美内宿禰を殺そうとしたが、天皇の命令で命は許されることになった。

このように、神の前で行われる裁判としての深湯は、後には失われ、荒行としての深湯が現在も残っている。

これは、一種の奇跡か超能力のように思われるが、実際にはきちんと行いさえすれば、超能力など必要としない物理的説明のできる現象である。

まず、腕には産毛が生えているので、湯に手を突っ込むと、空気の泡が腕の表面に残り（乾いたままでお風呂に浸かれば、誰でも体験することができる）、熱を遮断する。また、中の品物は、瀬戸物のように水との比重差が小さいものを使えば、沸騰した湯の中で泡によって動かされ、湯の中で上下動する。よって、タイミングを見計らって、品物が水の上部に来たときに、一瞬で取りだすことができれば、火傷をしなくてすむ。

もちろん、奇跡では無いにせよ、一瞬のタイミングを見計らってゆらゆら動いている品物を掴みとる技術、ぐらぐら煮えたぎる湯に手をすばやく突っ込めるだけの胆力など、常人にできる技ではない。

古代の裁判

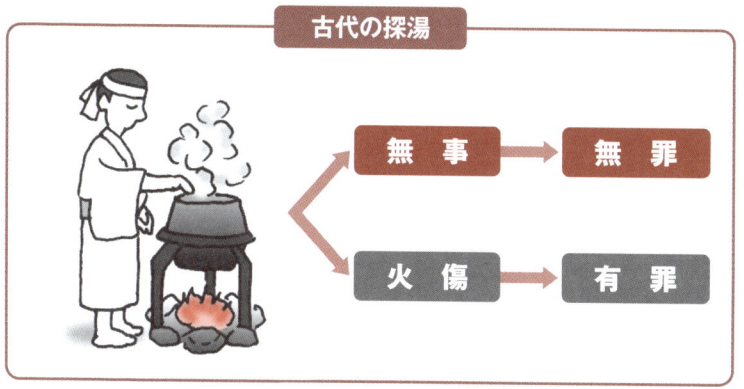

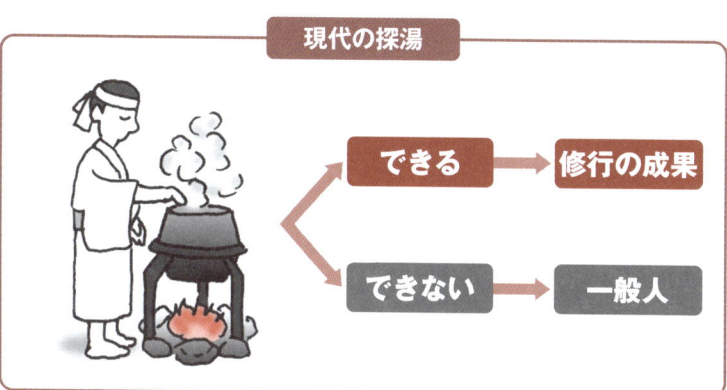

古代の探湯

無事 → 無罪
火傷 → 有罪

現代の探湯

できる → 修行の成果
できない → 一般人

もう一つの深湯

　現在深湯と呼ばれているものには、もう一つの形式がある。神官が、熱湯に笹の枝（などの葉っぱのついた木の枝）をつけ、勢い良く笹の葉を振って、熱湯のしぶきを全身に浴びる。こうして、神に至誠を見せて、加護を願うというものだ。
　この神事も、熱いことは熱いのだが、しぶきは全身に少しずつかかるため、個々の皮膚は多少赤くなることがあるものの、火傷するまでには至らないのだという。

関連項目

●火渡り→No.080

No.082

火伏(ひぶせ)

火は人間に恩恵をもたらすとともに、火事という恐ろしいものも起こす。そこで、火伏という呪いが必要とされた。

●恐ろしい火から護ってくれるもの

　日本は、木造建築がほとんどなので、火災は地震と並んで、人々の恐怖の的だった。人々は、火を恐れ、火から護ってくれるものを切実に求めた。それが、火伏である。こうして、火伏の機能を持った神々が、日本にたくさん生まれるようになった。

　神道では、秋葉神社と**愛宕神社**が、代表的な火の神社であり当然のように火伏の神として知られている。

　秋葉神社は、正式には秋葉山本宮秋葉神社と言い、静岡県浜松市に本宮があり、火之迦具土大神(**迦具土**の神)を祀る。全国に千近い秋葉神社があるが、その多くは東日本に分布している。というのは、西日本の火伏の神は愛宕神社らしく、こちらは西日本に広く分布している。

　ここは元々修験道の修行場で、神仏習合の時代には秋葉大権現を祀る神社だった(だから隣接して秋葉寺もあった)。秋葉大権現は別名三尺坊大権現とも呼ばれ、観音菩薩が本地垂迹したものだとされた。明治の神仏分離によって、現在は火の神である迦具土を祀っている。

　ここの例大祭は12月16日に行われる。

　東京にも秋葉神社があるが、これは元々は迦具土を祀る鎮火社という神社だった。だが、火伏と言えば秋葉様というイメージから、秋葉神社と間違って呼ばれるようになったものだ。この誤解のおかげで、現在の秋葉原ができた。ちなみに、東京訛りでは、「秋葉」は「あきば」と読む(少なくとも江戸時代から)。そのため「秋葉原」は、本来は「あきばはら」であった。だが、明治時代に神社を移転して駅を作るとき、当時のお役人が「あきは」が正しいとして駅名を勝手に決めてしまった。このため、現在では「あきはばら」と読まれている。

火の神のもう一つの力

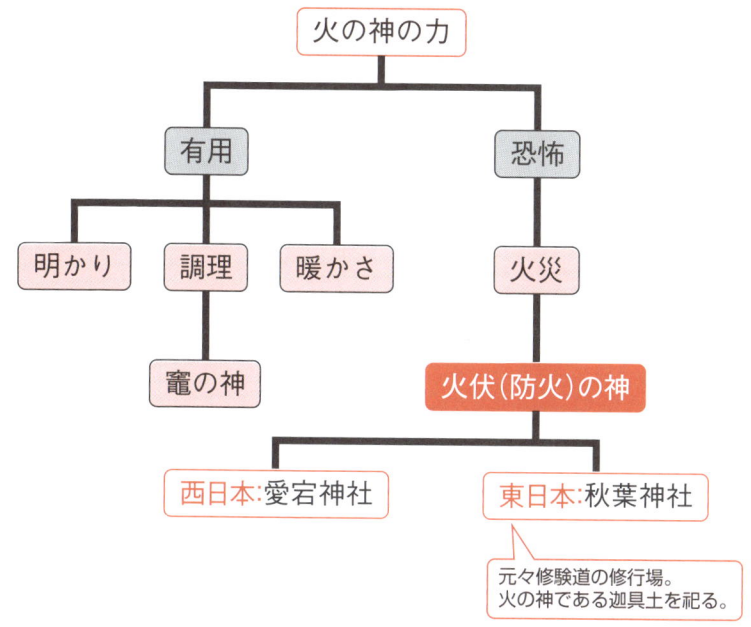

```
                    火の神の力
                   /         \
                有用           恐怖
              / |  \            |
          明かり 調理 暖かさ     火災
                 |               |
               竈の神       火伏(防火)の神
                            /         \
                   西日本:愛宕神社   東日本:秋葉神社
```

元々修験道の修行場。
火の神である迦具土を祀る。

❖ 火伏を行う神々

　火伏は、必ずしも火の神が行うとは限らない。
　例えば、日本のあちこちには火伏地蔵が祀られている。火事になったときに、地蔵堂の前で火勢が止まったとか、地蔵の前にいた人が焼け死なずに助かったとか、そのような伝説が、それぞれの土地で残されている。地蔵は、現世の人々を守る菩薩なので、火事から守ったとしてもおかしくないのだろう。
　他にも、観音菩薩とか大黒天などの仏教系の神々（仏）だったり、石とか男根とかいった呪物だったりと、形態は様々である。
　だが、いずれも火事を恐れ、神々に助けを求めた昔の人々の思いがこもっているのだと考えれば、迷信と笑い飛ばすより、素直に祈りを捧げてもよいだろう。

関連項目

●迦具土→No.018　　　　●愛宕神社→No.083

No.083
愛宕神社

火伏の神は、秋葉神社ばかりではない。西日本の人々は、愛宕神社を火伏の神として信仰している。

●西日本の火伏の神

　愛宕神社は、秋葉神社と日本を二分する、**火伏**の神だ。だが、秋葉神社が、火の神である**迦具土**を祀っているのに対し、愛宕神社は火に焼かれて死んでしまった伊邪那美（伊弉冉尊）を祀っているところが違う。

　また、秋葉神社が主に東日本に千社近い分社があるのに対し、愛宕神社は西日本を中心に千社近い分社を持つ。大きく分けて、秋葉神社が東日本の、愛宕神社が西日本の火伏の神なのだ。

　愛宕神社は、京都の愛宕山にあり、和気清麻呂が愛当護大権現を祀った神社だ。神仏習合の時代には、天狗太郎坊を、その本地仏は勝軍地蔵として（つまり、仏教の勝軍地蔵が、日本に合わせて天狗太郎坊という神の姿で現れたものとして）祀る天狗寺でもあった。このため、武士たちに厚く崇拝され、明智光秀が信長を討つときに御籤を引いて「凶」が3回連続で出たという故事でも有名だ。

　火の神の性質は、愛宕神社の立地にもある。ここは、京都の北西（いわゆる裏鬼門）に当り、また雷の発生しやすい土地だったからだという。

　伊邪那美を祀っているのは、火に焼かれた彼女だからこそ、神として火を抑えてくれると信じられたからだろう。

　また、愛宕神社には、他に稚産霊神、埴山姫命、天熊人命、豊受気毘売神の4柱が祭られている。彼らは、伊邪那美と合わせて五穀豊穣の神でもあり、焼畑農法との関係が考えられる。

　愛宕神社以外の火伏の民間信仰も色々とある。家を建てるときに棟に男女の性器を模ったものを供えたり、屋根の妻に「水」の字を書いたりといった、まるで呪術のようなものすらある。

愛宕神社の位置

・武士たちに篤く信仰される。
・火に焼かれた伊邪那美を祀る。
・京都の北西（裏鬼門）に当り、雷の発生しやすい土地だった。

愛宕神社
大文字山
保津峡
嵐山
平安京

火伏の色々

| 火迺要慎（火の用心）の札 | 屋根の妻に「水」の字を書く | 棟に男女の性器を模ったものを供える |

関連項目
●迦具土→No.018　　●火伏→No.082

No.084
振袖火事

江戸の三大火であるとともに、世界三大火事でもある振袖火事。だが、そこには怪談めいた因縁話があった。

●異名を持つ大火事

　江戸時代の江戸は世界一の大都市で人口密度が大変高かったうえに、木造建築物ばかりのため、火災には大変弱かった。このため、江戸全体を焼失させるような大火に何度も襲われている。

　江戸の三大火と言えば、明暦の大火（振袖火事）、明和の大火、文化の大火であるが、他にお七火事や元禄火事なども有名である。

　三大火の中でも異名のついているのは、この振袖火事だけである。

　江戸の豪商大増屋十右衛門の娘おきくは、偶然見かけた寺小姓に一目惚れした。どうしても彼のことが忘れられず、寺小姓の着ていた服と同じ模様で振袖を作らせた。にもかかわらず、恋の病か、明暦元年1月16日に娘は死んでしまう。両親は、娘の棺に振袖を掛けてやって見送った。

　当時、棺に掛かった着物などは、埋葬する寺の寺男たちが貰ってよいことになっていた。男たちは、その振袖を売り払った。だが、その振袖を買った麹屋吉兵衛の娘お花も明暦2年1月16日に亡くなり、棺にはかの振袖が掛けられて、同じ寺へと持ち込まれた。寺男たちは、ちょっとびっくりしたが、それでも再び振袖を売った。だが、それを買った質屋伊勢屋五兵衛の娘おたつも明暦3年1月16日に亡くなり、やはり振袖をかけた棺が寺へと持ち込まれた。

　ここまでくると寺男たちも不気味に思い、住職に話をした。そして、死んだ娘の親を集めて、供養を行うことになった。住職は、読経しつつ炎に振袖をくべようとする。ところが、突風が吹いて振袖は火のついたまま舞い上がり、本堂の屋根に落ちて、炎は燃え広がってしまった。

　これが、振袖火事と呼ばれる所以で、江戸市街の半分以上を焼き、江戸城天守閣まで焼け落ち、10万人以上の死者が出るという大災害になった。

　もちろん、この話は、明暦の大火の歴史資料には登場しない。後世の作り話だと言われている。

呪いの振袖

- 豪商の娘おきくが寺小姓に一目惚れ。
- → 小姓の着ていた服と同じ柄の振袖を作る。
- → おきくが死んでしまい、棺に振袖を掛けて見送る。
- → 寺男が振袖を売り払う。
- → お花が振袖を購入。
- → お花が死んでしまい、棺に振袖を掛けて見送る。
- → おたつが振袖を購入。
- → おたつが死んでしまい棺に振袖を掛けて見送る。
- → 死んだ娘の親を集めて供養を行う。
- → 火のついた振袖が舞い上がり屋根に燃え移る。

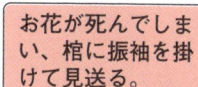

❖ 振袖火事の真相？

　当時、火事を起こすことは重罪で、火事を起こした寺などは、再建を許されないで移転させられたり廃寺となるのが普通だった。ところが、この火事では、火元の本妙寺は、取り潰しどころかその後寺格が上がってすらいる。

　そこで、実は火元は寺の隣にあった幕府老中阿部忠秋の屋敷ではないかという見方がある。老中の家が火元で江戸を焼いてしまったのでは示しがつかないので、本妙寺が火元を引き受けたのだという。その傍証として、本妙寺にはその後毎年、阿部家から火事供養の寄進がなされていた（なんと江戸が終わって大正時代まで）ことが挙げられる。

　現在では、本妙寺自身が、この説を主張している。

関連項目

- 八百屋お七→No.043

No.085
ローマ大火
Great Fire of Rome

暴君の代名詞として知られるネロ。ローマ大火は、ネロが起こしたという俗説もあるが、真相はどうなのか。

●暴帝ネロの悪行は本当だったのか

　悪名高いローマ皇帝ネロの時代、西暦64年にローマを焼き尽くしたとされる大火災。奇妙なことに、競技場の一角というあまり火の気のなさそうなところから出火し、そのままローマ市街を7日間にわたって焼き尽くした。このため、放火説が根強く残る。

　火事の鎮火後、ネロは救済のための組織を作り、大量の穀物を輸入して本来の16分の1の価格で販売し、また市街の再建に努めるなど、為政者としては非常に正当なことを行っている。

　だが、当時人気が下降気味だったネロを貶めるためか、ネロが自分の気に入った建物を建てるために放火をしたという根も葉もない噂が広まった。

　この噂を抑えるためか、ネロは犯人をキリスト教徒と断定し、信徒たちを処刑する。この処刑が、ローマ帝国による最初のキリスト教徒弾圧とされる。このため、現在でもキリスト教諸国ではネロと言えば悪魔の子と言われる。

　実は、キリストは弟子たちに向かって「ここに一緒にいる人々の中には、人の子（キリストのこと）がその国（神の国のこと）と共に来るのを見るまでは、決して死なない者がいる」と予言している。つまり当時のキリスト教は、弟子たちが生きているうちに世界の終わりが来て、自分たちだけが救われると信じる破滅待望型カルト宗教であった。実際ローマの大火を見て「終末がやってきた」と喜んで踊りだすものさえいたと言うから、誤解されても仕方ない部分もあった。

　異端者（ローマ帝国においての）をスケープゴートにして、体制の維持を図る。ネロが行ったのは、悪辣ではあるが世界史上何度も行われたことだ。そのほとんどは忘れられたが、キリスト教会を槍玉に挙げたのが不運であった。ネロには、キリスト教が後世ここまで発展することが読めなかったのだろう。おかげで世界史上に、大いなる悪名を残すことになった。

濡れ衣だったネロ

ローマ大火

テベレ河

ローマの大半の地域が、全焼もしくは半焼となり、多くの人が焼死した。当時の技術では、大火になってしまうと、燃えるものが無くなって鎮火するのを待つ以外には方法がなかった。

だから、政府の役目は、生き残った人々に食料を与え、都市の復興を指導することであった。

- - - 当時のローマ市街
- 全焼
- 半焼

ネロの政策

- 救済のための組織を作る。
- 穀物を大量に輸入し、16分の1の価格で売る。 → **まともな政策**

- 犯人をキリスト教徒と断定し、信徒たちを処刑。 → **読み違い**

ネロの評判

為政の前期は皇帝としても人間としても人気が高かったが、キリスト教内では悪魔の子に。

後にキリスト教に改宗した諸国で暴君として悪名が残る。

第3章 ● 火の物語

No.086
ロンドン大火
Great Fire of London

世界三大大火の中で、都市そのものを変容させたという意味では、ロンドン大火が一番だ。

●木造だったロンドン

　1666年にロンドンを襲った大火災。世界三大火事の一つである。

　最初は、パン屋の竈（かまど）から火が出て、周囲に燃え広がるという、ありふれた火事だった。だが、当時のロンドンは、木造家屋ばかりで、街路も細く、火事に非常に弱かった。つまり、当時の江戸と同じような状況にあった。

　江戸では、火消しという組織が存在して、火事の鎮圧に効果を発揮していた（破壊消防という、火の行き先の建物を破壊して、それ以上火が燃え広がらないようにするものであったが、それでも有ると無いとでは、大きな差があった）が、ロンドンはそのような備えすら不足していた。

　そのため、市内の85％が焼失するという、壊滅的被害が発生してしまった。

　ただ、ここからがロンドンの偉かったところだ。

　ジョン・イーブリンと、王室建築副総裁のクリストファー・レンは、火災に強い都市計画を立てた。計画自身は、地主たちの反対により実現しなかったが、防災のための法制度は整備された。

　翌年成立した再建法によって、ロンドンの建物は石造か煉瓦造りに限られ、道路の幅も拡張された。もちろん、完璧ではなかったにせよ、以前よりは遥かに火災に強い都市に生まれ変わった。

　また、レンは、セント・ポール大聖堂など、多数の教会再建に当った。

　ちなみに、江戸は手をこまねいていたわけではない。ただ、煉瓦を作れず、石材にも乏しかったため（あったとしても、地震国日本ではかえって危険だっただろう）、やりたくても同じ方策は取れなかった。

　そこで、火避けの空白地を多く取ることで、火災を一地区に限定するようにした。さらに、いざというときにすぐに再建できるように江戸の近くに木材を集積しておくという方法が取られた（当時の庶民は全て借家住まいなので、荷物を持って避難すれば、損害は無い）。これが、現在の木場である。

ロンドンを変えた火事

ロンドン大火

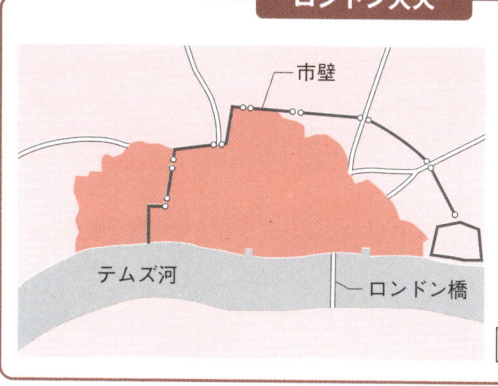

市壁
テムズ河
ロンドン橋
焼失地域

ロンドン大火の火元は、ロンドン橋近くのパン屋である。この火事によって、シティ内の85％は焼失した。

焼け残ったのは、風上にあった北東部の一部だけである。

復興政策
- 建物を石造りか煉瓦造りに限る。
- 道路の幅の拡張。

同じように大火に見舞われた江戸の復興政策は、
・火避けの空白地を多くとる。
・再建のための材木を江戸の近くに貯めておく。
というものだった。

ロンドン大火記念円塔（The Monument）

ロンドン大火を忘れないために、クリストファー・レンとロバート・フックが設計した記念円塔。ロンドン市民にとって、モニュメントと言えばこの塔のことを意味するほどに、ロンドン市民の常識となっている。

関連項目
- 振袖火事→No.084

No.087
世界を滅ぼす火事

世界には、洪水神話は多いのだが、業火神話は大変珍しい。古代の人は、人間は洪水で滅んだと考えていたらしい。

●何度も滅びた世界

　南米のグアラニ・インディオの神話では、世界は今まで何度も破滅したと伝えられる。

　その最初のものが、「大いなる火」と呼ばれる世界火事だ。

　その原因は、創造神が大地の支えの柱を引き抜いたときに、大地に火がついてしまったことによる。おそらく、木を擦り合わせて火を作るところから類推されたのだと思われる。

　大地に火がついて、永遠の夜がやってくる。そして、その時には、創造神は青い虎を放って、人々を食い殺させるのだ。

　ただし、この原因については、部族ごとに差があって、統一した原因は判らない。創造神ではなく文化英雄（神話の中で、人間に技術や文化を最初に教えてくれる人物）が柱を引き抜いたという神話もあるが、天から火を放つ星（流星か隕石）が落下して火がついてしまったというものもある。

　ともかく、この大火事で、人間はただ1組の男女を除いて全滅する。彼らは、地面の穴に避難して、災厄を避けることに成功したのだ。

　植物も燃えてしまったが、精霊が助けてくれたり、生き残った人々が燃えずにすんだ種や枝を見つけたり、魔法で灰から芽を出させたり（部族ごとに違う）することで、再び緑が大地を覆う。

　ちなみに、災厄の2番目は「長き夜」で、人々は家から出られずに餓死した。さらに、この長き夜の間には、家庭用品の反乱が起こった。なんと、鍋や釜が、人間に使われるのが嫌になって、人間を殺してしまおうとしたのだ。この戦いは、南米では、かなり広まっている神話だ。

　三つ目が「大洪水」で、これは一般的だ。ただし、ノアの箱舟のような神話は少なく、山や高い木に登った人だけが生き残ったとされる。

繰り返される破滅

大いなる火
大地に火がつき、永遠の夜がやってくる。
地面の穴に避難した1組の男女を除き人類は全滅。

▼

長き夜
人々が家から出られずに餓死。
家庭用品の反乱が起こる。

▼

大洪水
大雨による洪水。
山や高い木に登った人だけが生き残る。

グアラニ族の炎の神カライ

グアラニ神話には、それぞれの機能を持った神々が存在する。当然、炎の神も存在する。それがカライである。その神話は、以下のような詩で表現されている。

> いつもよみがえる炎
> 何ものも決して消すことのない炎
> わたしを立ち上がらせる炎
> これらの炎について言えば
> 真の父カライよ、おまえは
> おまえの息子、∧大いなる心の持ち主∨カライが
> それらの番人になるようにせよ。
> こうして、彼に次の名前を持たせよ
> ──カライ、炎の主
> その名を発せよ。
> 彼は大きくなるべく定められた
> 炎の番人となるだろう。
> 新たな時が来るたびに
> つねによみがえる炎が少し舞い上がるようにせよ
>
> (『大いなる語り』毬藻充訳・松籟社)

No.088 八熱地獄

多くの宗教において、地獄とは業火で焼かれる世界のようだ。これは、仏教も例外ではない。

●広大なる仏教の地獄界

　仏教では、贍部洲（我々の住む世界）の下には、八熱地獄（八大地獄とも言う）と呼ばれる灼熱の地獄がある。

　一番上が等活地獄で、互いの罪人の疑念により、手に刀剣が現れる。これにより、互いに斬りあって死ぬ。だが、それでも再び蘇って戦い続ける。これが最もマシな地獄である。

　次が黒縄地獄で、大工の使う墨糸で身体に線を引かれ、その通りに切り裂かれる。3番目は衆合地獄で、山に挟まれたり、鉄の巨象に踏まれたりして、押し潰される。4番目が叫喚地獄で、鍋釜で、煮られたり、フライにされたりする。5番目の大叫喚地獄は、叫喚地獄の強化版で、より苦しみが大きい。

　6番目は炎熱地獄で、熱い焼き鏝を当てられたり、炎に焼かれたりする。7番目の大炎熱地獄は、炎熱地獄の強化版で、より苦しみが大きい。

　そして、一番下の最悪の悪人が行くのが無間地獄である。阿鼻地獄とも言い、休み無く責め苛まれる。

　このように、必ずしも炎で苦しみを与える地獄だけではないが、拷問というと炎という概念があるのだろう。

　また、これらの地獄には、それぞれ16個の副地獄（つまり全部で128個）が付属しており、それぞれ異なった苦しみを与える。例えば、黒沙地獄は、熱風で砂が罪人に付き、その熱砂が皮膚から肉から骨まで焼き尽くす。他にも、溶けた鉄を呑まされる地獄とか、釘を全身に打たれる地獄など、人間の想像力の物凄さを思い知らされる。

　また、八熱地獄に平行して、八寒地獄という寒さによる地獄があり、寒さにより皮膚にあばたができたり、それが裂けたりする。もちろん、八寒地獄にも、全部で128個の副地獄がある。さらに、孤地獄という個々の罪人がより苦しむようカスタム化され、たった1人で苦しみ続ける地獄まであるのだ。

地獄の構造

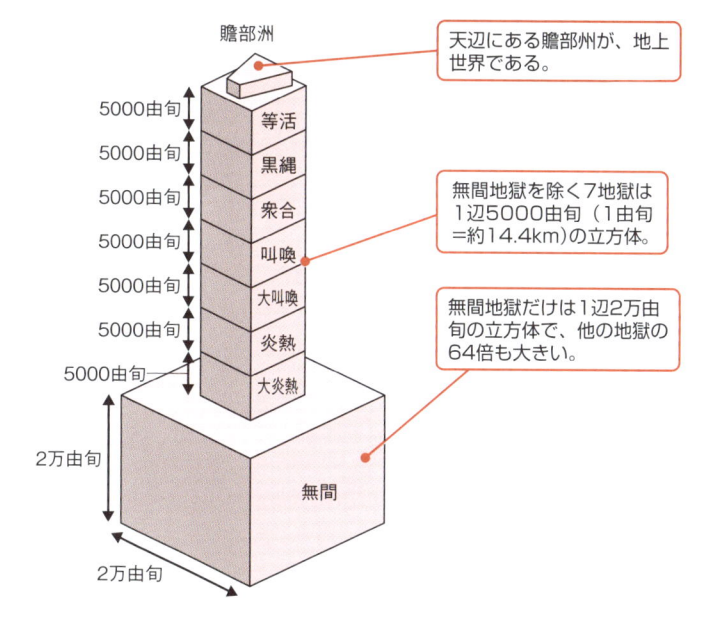

贍部洲

天辺にある贍部洲が、地上世界である。

5000由旬 等活
5000由旬 黒縄
5000由旬 衆合
5000由旬 叫喚
5000由旬 大叫喚
5000由旬 炎熱
5000由旬 大炎熱
2万由旬 無間
2万由旬

無間地獄を除く7地獄は1辺5000由旬（1由旬＝約14.4km）の立方体。

無間地獄だけは1辺2万由旬の立方体で、他の地獄の64倍も大きい。

副地獄

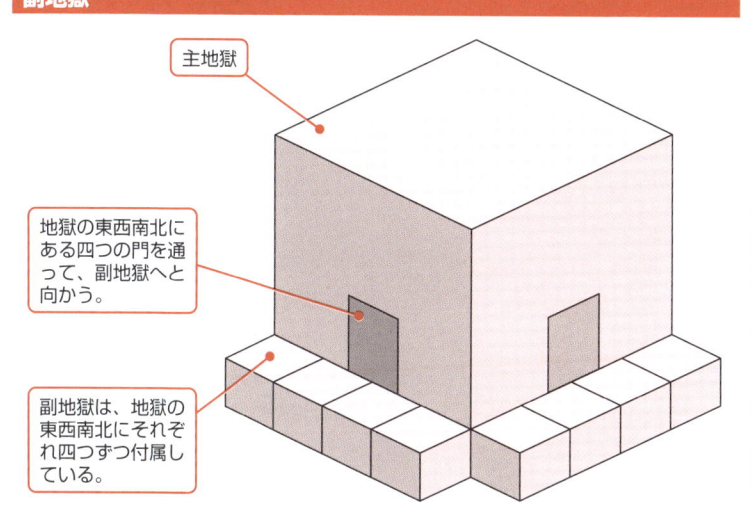

主地獄

地獄の東西南北にある四つの門を通って、副地獄へと向かう。

副地獄は、地獄の東西南北にそれぞれ四つずつ付属している。

No.089
火焔山(かえんざん)

中国の伝奇小説『西遊記』に登場する山。孫悟空の冒険の中でも、最も有名なエピソードに登場する。

●西遊記で最も有名な障害物

　『西遊記』に登場する火焔山は、中国の西南にある。常に炎を発して燃えさかっており、人間は生きてここを通ることはできない。

　火焔山は、800里にも広がる大山脈なので、天竺へ向かう三蔵一行は、これを避けて通ることはできない。だが、火焔山は、鉄でできた身体でも融けてしまうほどの高熱だ。三蔵一行は、困ってしまった。

　実のところ、この山脈が火焔山になった理由は、一行の1人である悟空が天界にある八卦炉を蹴倒したときに、中の炭火が落っこちて、山を燃やしてしまったからだ。その意味では、自業自得というものだった。

　ところが、奇妙なことがあった。そんな火焔山の近くにも人が住み、作物が育っていることだ。本来なら、とても生きていけそうも無いのに。

　実は、この火焔山の火を消すことができるものがある。それが、鉄扇仙人の持つ芭蕉扇(ばしょうせん)だ。この芭蕉扇、1回扇ぐと火が消え、2回扇ぐと風が吹き、3回扇ぐと雨が降る。この芭蕉扇で扇いでもらうことで、この地方は雨が降って、作物を育てることができる。

　ところが、この鉄扇仙人とは羅刹女(らせつじょ)のことで、その息子を悟空が退治してしまっているから問題があった。扇を借りに来た悟空を、扇いで吹き飛ばしてしまう。

　だが、結局、なんとか扇を借りて、山の火を消すことに成功した。そしてさらに、この扇で50回扇ぐことで、火焔山の火は永久に消えてなくなる。

　この火焔山、中国ウイグル自治区にあるトルファン盆地から見えるところにある低い山脈として実在している。海抜500mほどの低い山脈で、越えるのにそれほど苦労しそうも無い。問題は、気温である。夏の昼間ともなれば、70度を越える高温となり、人間の生存すら難しい。確かに、火焔山と名乗るにふさわしい山脈である。

実在する火焔山

『西遊記』の火焔山

- 800里にも広がる大山脈。
- 常に炎を出して燃えさかっている。
- 芭蕉扇でのみ火を消すことができる。

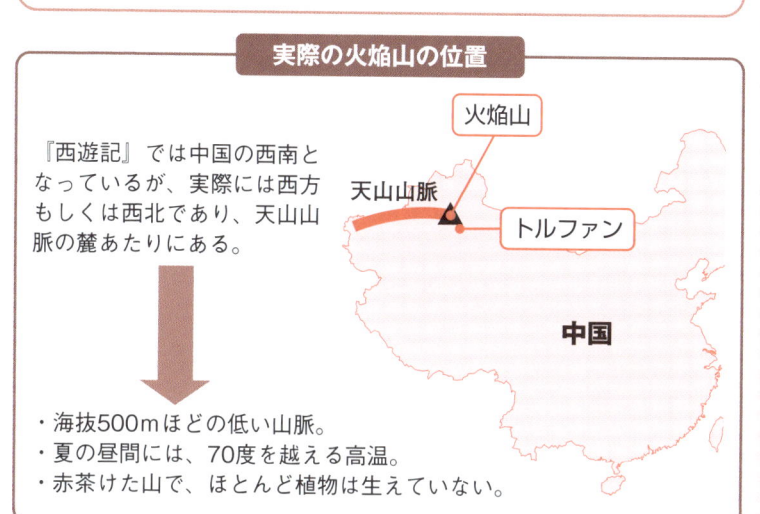

実際の火焔山の位置

『西遊記』では中国の西南となっているが、実際には西方もしくは西北であり、天山山脈の麓あたりにある。

火焔山
天山山脈
トルファン
中国

↓

- 海抜500mほどの低い山脈。
- 夏の昼間には、70度を越える高温。
- 赤茶けた山で、ほとんど植物は生えていない。

❖ 実際のトルファン

　本物の玄奘三蔵が、天竺に向かうためにトルファンを訪れたときには、そこには高昌国という、小さな仏教国があった。王の麴文泰は、三蔵一行を歓迎し、その教えを聞いたと記録される。そして、一行のために案内人を用意し、旅費の援助も行った。

　本物のトルファンは、三蔵一行の妨げどころか、旅の疲れを休め新たな旅への助けとなった良い土地であった。

　だが、数年後、三蔵が天竺から帰ってくると、高昌国は既に滅び、都は廃墟となっていた。

　現在も、トルファン郊外には、日干し煉瓦を積み上げた高昌国の遺跡が残り、観光客を集めている。

No.090 天使は火から、人は土から

イスラム教でも、やはり悪魔がいて、神に逆らった。その論拠が、自分は火から作られたから優れているというものだ。

●火から作られたものが土からのものより偉いという価値観

　イスラム教は、『旧約聖書』や『新約聖書』を、自らの聖典の一つとしている。その上で、最後にして最高の聖典として『コーラン』があるという位置づけだ。このため、父なる神に反乱する天使がいる。それがイブリースだ。

　イブリースも、元は天使であり、地上界や天国の一部を司っていた。

　ところが、あるときアラーは、新たに土からアーダムを作り、天使たちには彼にサジダする（平伏する）よう命じた。イブリースを除く天使たちは、アラーの命に従った。

　ところが、イブリースだけはそれに従わず、アラーに反論した。
「わたしはかれよりも優れております。あなたはわたしを火から御創りになりましたが、かれを泥で創られました」（『日亜対訳・注解聖クルアーン』「高壁章」三田了一訳：日本ムスリム協会発行）

　そう言って、彼はアラーに反逆した罪で、地獄へと落とされた。

　だが、シャイターン（ユダヤ・キリスト教では、ヤハウェに反逆する天使と、イブを誘惑する悪魔は同一人物であるが、イスラム教では別人とされる。そして、サタンに相当するシャイターンは、イブリースのひ孫に当るのだという）は、ハウ（イブのこと）に邪悪の木の実を食べさせることに成功し、アラーと人間に復讐した。アーダムとハウは楽園を追放され、ハウはさらに月経・妊娠・出産の痛みを負うことになる。

　楽園を追放された彼らが行ったのが、（『コーラン』には載っていないが）メッカへの巡礼だという。それゆえ、現在でもイスラム教徒は一生に1度はメッカへと巡礼することを望む。

　だが、イブリースの発言を見ると、この当時、火は土よりも貴いという考え方があったことが判る。さもなければ、イブリースがそのような発言をするはずが無いからだ。

アラーが天使と人を作った

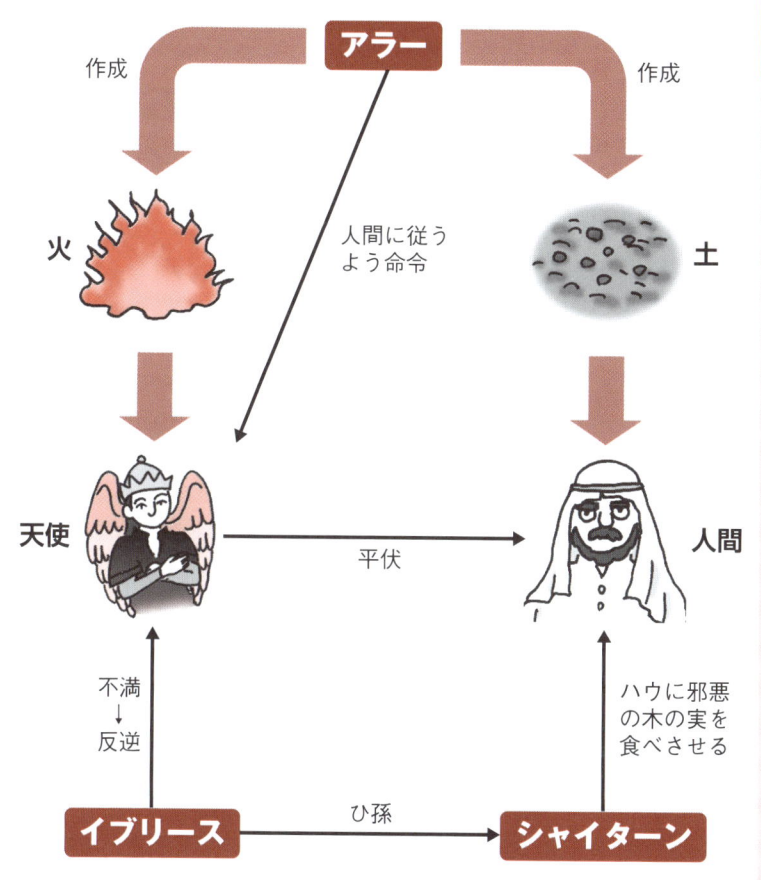

```
                    アラー
          作成    ↙      ↘    作成
           ↓                    ↓
           火    人間に従う      土
                 よう命令
           ↓       ↓            ↓
          天使 ──平伏──→       人間
           ↑                    ↑
          不満                  ハウに邪悪
           ↓                    の木の実を
          反逆                  食べさせる
           │                    │
        イブリース ──ひ孫──→ シャイターン
```

シャイターンの活躍？

シャイターンは、ハウを誘惑しただけでなく、『コーラン』のあちらこちらで、人間を堕落させようと暗躍している。

ムハンマドを誘惑する役目もシャイターンである。だが、ムハンマドは『コーラン』の教えについて悪魔と議論し、その誘惑を撥ね退ける。

関連項目

● イフリート→No.003

No.091

寿命と蝋燭

人間の寿命を決める蝋燭。この伝説は広く知られているので、日本古来の伝説だと思っている人もいるかもしれない。

●死神による寿命判断

　冥界には人間の寿命を決める蝋燭があって、その火が消えると人間も死ぬという伝説がある。これは、古くからヨーロッパ各地に存在し、少なくとも16世紀には、記録が残っている。

　現在最も有名なのは、グリム童話の『死神の名付け親』だろう。

　死神に名付け親になってもらった若者は、大人になると死神に教わった。

　もし、死神が病人の枕元に立っていれば治り、足元なら死ぬ。だから、治る病人に、薬草を飲ませるようにと。

　この法則を教えてもらって、若者は有名な医者になる。何しろ、一目見ただけで、病人が治るかどうかを判定するのだから。そして、彼が「治る」と断言した患者は、必ず治るのだ。

　だが、王様を治療するとき、死神が足元に立っているのを見た。そこで、王様を逆向きに寝かせて、死神が枕元に立つようにした。そして、薬草を飲ませて王様を治してしまう。死神は怒ったが、1度だけ許してくれた。けれども王女が病気になったとき、若者は再び死神を騙し、今度こそ冥界へと連れて行かれることになる。

　そこにあったのが、人間の生死を決める蝋燭だ。この灯が燈っている間、人間は生きているが、消えると死ぬ。子供の蝋燭は大きく、老人の蝋燭は残り少ない。

　だが、若者の蝋燭は無くなりかけていた。

　若者は、死神に、もっと大きな蝋燭に交換してくれるように頼むが、死神は懲罰のためにわざと失敗し、若者は死神のものとなった。

　この話は、イタリアで『クリスピーノとコマーレ』というオペラになっている。こちらでは、コマーレ（名付け親）は女の死神となっている。また、英訳版では、女妖精となっている。

落語になった童話

命の蝋燭

- 人間の寿命を決める蝋燭。
- 冥界にある。
- その火が消えると人間も死ぬ。

```
ヨーロッパ各地の伝承
        ↓
グリム童話『死神の名付け親』
      が有名
        ↓
日本に入って『死神』という
      落語に
        ↓
```

死神に名付け親になってもらった若者がいた。
↓
死神の力を借りて有名な医者になる。
↓
インチキをして冥界へ連れて行かれる。
↓
命の蝋燭のつぎたしに失敗し、死ぬ。

落ちのバリエーション

- 若者の手が震えて失敗する。
- うまく新しい蝋燭に火を移したが、ほっと息をして消してしまう。
- うまく火を移せたので、死神におめでとうと言われて、ハッピーバースデイを歌われる。その勢いで思わず「フー」

死神による寿命判断

死神が患者の枕元に立つ → 患者は助かる

死神が患者の足元に立つ → 患者は死ぬ

No.091 第3章 ● 火の物語

No.092
稲むらの火

戦前の教科書には、必ず採用されていたほどの有名な話だが、現在では知る人も少ない。

●人を救う火

　ラフカディオ・ハーン（＝小泉八雲）の『仏土の落穂』（英文）に「生きている神」というタイトルで紹介された、江戸末期の話。日本では、キリスト教の神のように唯一神を信仰するのではなく、偉い人間をそれぞれ小さな神として崇拝するということを、ハーンはこの本で西洋に紹介した。

　江戸末期の和歌山県広川町（当時は紀伊国廣村）、安政年間におきた安政の南海地震のときのことだ。海岸から水が引いていき津波が来ることを知った五兵衛は、刈り取ったばかりの稲に火をつけて、住民を高台へと導いた（人々は、火事だと思い、消しにやってきたのだ）。そうして、400人もの住民を津波の被害から救ったのだという。

　この話を、明治時代の同村の教師中井常蔵が翻訳したことで、小学校の教科書に載り、国民の多くが知る有名な話となった。

　ただし、ハーンの物語と、現実にはいくつかの違いがある。

　まず、主人公の名前は、五兵衛ではなく濱口儀兵衛であること。

　次に、地震が12月に起こったことから判るように、稲は刈り取ったばかりではなく、既に収穫を終え、田んぼにあったのは稲藁だけだということ。

　また、儀兵衛が稲藁に火をつけたのは、津波の前ではなく、津波が来てからのことで、津波から逃げる人々に、安全な避難路を教えるためだった。

　最後に、彼の偉い点は、稲藁に火をつけただけではなく、このことから今後も津波の脅威が村を襲うことを危惧し、私財を投じて防波堤を建造したことにある。実際、遥か後の昭和になってからの東南海地震・南海地震などの被害を減らすことに成功している。

　現在では、全国的知名度こそ高くないが、広川町においては町の大恩人として尊敬の対象となっている。

神になった人物

濱口儀兵衛
- 安政の南海地震による津波
- 藁に火をつけて安全な避難路を教える
- 私財を投じて防波堤を建造

小泉八雲
- 儀兵衛のエピソードを『生きている神』に掲載
- 津波を事前に察知
- 刈り取ったばかりの稲に火をつけて村人を誘導

中井常蔵
- 『生きている神』から儀兵衛のエピソードを訳し教科書に応募

No.092 第3章 ●火の物語

No.093
百物語

怪談と言えば、百物語と言われるほど、古来から数多くの百物語が編まれてきた。

●日本伝統の恐怖体験談

　日本の伝統的怪談話の方法の一つ。各人が恐ろしい話を順番にして、全部で100話行う。現在でも、怪談話として百物語の形を取るものは多いし、実際に行われることも稀ではない。

　江戸時代にかかれた仮名草子『伽婢子』(浅井了意の著)に、その方法が書かれている。

　それによれば、百物語を行うには、何人かで新月の夜(月明かりも無い暗い夜)に集まり、行燈に青い紙を張り(より暗くする)、100筋の燈芯を灯す。

　行燈の灯りというのは非常に暗く、60ワット電球の80分の1の明るさしかないということだ。さらに、一つの行燈に燈芯を2本使っても明るさは2倍にはならないので、百物語の最初から裸電球1個にも満たない明るさしかない。しかも、その灯りを隣の隣の部屋に置き、自分たちが居る部屋と隣の部屋には灯りを置かない。つまり、最初からとても暗いのだ。

　さて、集まった者は、順番に怪談話を話すと、行燈の燈芯を引き抜いて消す。すると、ほんの少しだけ暗くなる。これを繰り返して(人数が100人もいるわけがないので、同じ人が何度も話すことになる)、ついに全ての行燈の灯りが消えたとき、そこに本物の怪異が現れるという。

　本当に怪異が現れては困るので、実際には、99本の灯りを消した時点でお開きにするのが通例であった。

　江戸末期になると、行燈の代わりに100本の蝋燭を灯し、それを1本ずつ消していくようになった。ただし、この蝋燭も日本蝋燭であり、現在我々が使っている西洋蝋燭よりもずっと暗い。

　全ての灯りが消えたときにどのような怪異が現れるのかは、定かではない。鳥山石燕の『今昔百鬼拾遺』によれば、青行燈という妖怪が現れるのだという。

恐怖を起こす儀式

百物語の舞台

行燈には青い紙を貼り、燈芯を100筋入れておく。

行燈のある座敷　　何もない座敷　　人が集まって怪談を語る座敷

百物語の手順

新月の夜に集まり、行燈に青い紙を貼り、100筋の燈芯を灯す。

↓

怪談話を話すと、燈芯を引き抜いて消す。

↓

全ての灯りが消えたときに本物の怪異が現れる。

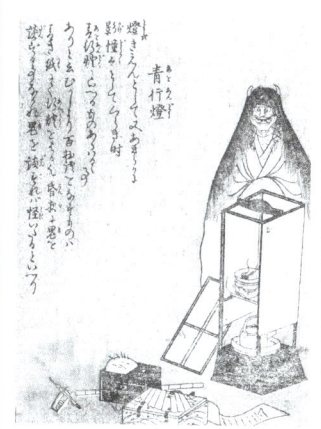

▲鳥山石燕著『今昔百鬼拾遺』の「青行燈」

No.094
『牡丹灯籠』

日本を代表する怪談は、実は落語が原作だということは、あまり知られていない。

●日本の三大怪談

『牡丹灯籠』と言うと、『四谷怪談』『番町更屋敷』と並ぶ三大怪談の一つとされるが、江戸〜明治の落語家三遊亭円朝が、落語の怪談話『怪談牡丹灯籠』を作ったのがその名の始まりだ。

円朝の怪談話があまりにも良くできていたので、これを明治25年に歌舞伎化した。これが、歌舞伎の『牡丹灯籠』で、正式名を『怪異談牡丹灯籠』と言う。その意味では、実は新しい演目なのだ。

我々の想像する『牡丹灯籠』は、このような筋書きだ。

飯島平左衛門の娘お露は、浪人萩原新三郎に恋をしたが、父親は許さない。お露は恋の病のあまりついに命を落としてしまう。そして、その乳母お米もすぐ後を追って死んでしまった。

ある夜、新三郎が家にいると、外で下駄の音がカランコロンと聞こえてくる。何事かと出てみると、牡丹の絵柄も美しい提灯を下げて（ここから牡丹灯籠の名前がある）お露と乳母がいるではないか。彼女たち、後には新三郎を加えた3人の道行きのときに揺れる炎の美しさと不気味さを描きだすことこそが、『牡丹灯籠』の真骨頂である。

それから、毎夜お露が訪ねてくるようになる。近所のものが、何をしているのかと覗いてみると、新三郎と楽しそうに語らっているのは、なんと骸骨。新三郎は、死人と情を交わしたために、日に日にやつれてきている。

あわてて、周囲のものが偉い坊さんに頼んで家にお札を張ってもらう。こうして、お露は家に入ることができない。

お露は、新三郎に札をはがしてくれるように頼むが、新三郎ははがさない。だが、お露に会いたさについに札をはがしてしまう。

夜明け近く、お米の持つ牡丹灯籠に、お露と新三郎がついていく。後で、露の墓を暴いてみると、骸骨を抱きしめた新三郎のなきがらが見つかった。

牡丹灯籠の世界

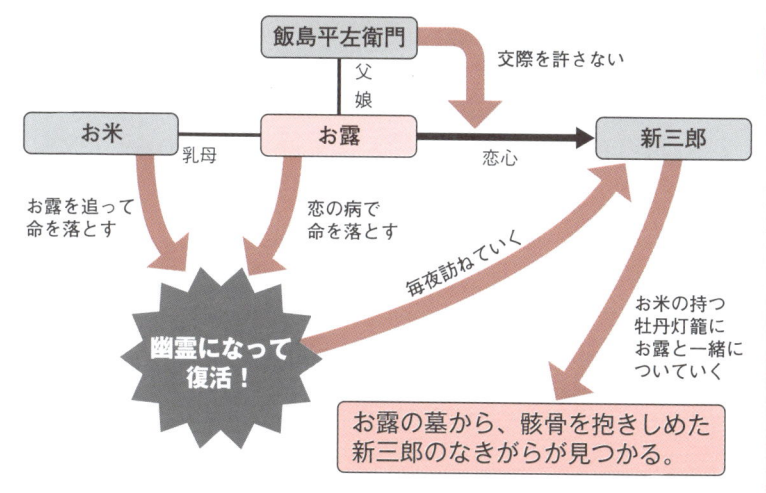

```
            飯島平左衛門
               │父
               │娘         交際を許さない
  お米 ──── お露 ─── 恋心 ───→ 新三郎
       乳母
  お露を追って  恋の病で           毎夜訪ねていく
  命を落とす   命を落とす

         幽霊になって
         復活！

                              お米の持つ
                              牡丹灯籠に
                              お露と一緒に
                              ついていく
```

お露の墓から、骸骨を抱きしめた新三郎のなきがらが見つかる。

牡丹灯籠の原作

牡丹灯籠の原作は、江戸時代の浅井了意の『伽婢子（おとぎぼうこ）』中の『牡丹灯記』である。だが、それにも中国の『剪灯新話（せんとうしんわ）』という原作があった。ここでは、新三郎が喬生、お露が麗卿、お米が金蓮という名前で登場する。このとき、既に灯りが重要な小道具として登場している。

剪灯新話 → **伽婢子** → **牡丹灯籠**

❖ 実は新三郎は札をはがしていない

実は、落語の『怪談牡丹灯籠』では、新三郎は札をはがしていない。困ったお露は、新三郎の下男伴蔵のところに来て、札をはがしてくれるように頼む。伴蔵は、100両でそれを引き受け、札をはがし、守護の仏像を偽物とすりかえてしまう。幽霊から100両巻き上げた、小悪党がいたという話になっている。

これは、歌舞伎の『怪異談牡丹灯籠』でも同じで、半蔵という下男が、幽霊から金を貰って札をはがす。

No.095
『炎の天使』
The Fiery Angel

日本ではあまり知られていないが、『炎の天使』という、大いに物議をかもし出した小説とオペラがある。

●日本語に訳されない小説、日本で上演されないオペラ

ロシアの作家ヴァレリー・ブリューソフ（1873 – 1924）の小説。もしくは、それをセルゲイ・プロコフィエフ（1891 – 1953）がオペラにした『炎の天使』（1927）。さらには、プロコフィエフ自身が炎の天使の主題を交響曲にした交響曲第3番（1928）（ただし、作曲家当人は、この曲を炎の天使交響曲と呼ばれることを嫌ったという）。

この小説、発表当時大変物議をかもし、いまだに日本語訳が存在しない。

時は16世紀のドイツ。下心満々であまり騎士らしくない騎士ルプレヒトは、悪霊に悩まされるレナータという娘に出会う。彼は、彼女の身の上話を聞いてみることにした。

彼女は子供の頃、金髪碧眼の炎の天使マディエリ（実は悪魔）と一緒に遊んでいた。彼女が成長すると、天使は今度は人間になって戻ってくると言い、彼女の元を去った。彼女は、天使と同じ金髪碧眼のハインリヒ伯爵を、炎の天使だと信じ愛したが、伯爵も彼女の元を去ってしまった。

ルプレヒトは、レナータを助けて伯爵を探す旅に出る。その途中には、（実在の）魔術師アグリッパ・ネッテスハイムの魔術に頼ろうとして断られたりと、紆余曲折はあるものの、何とか伯爵を探しだす。だが、伯爵は彼女に冷たい。怒りのあまり、彼女はルプレヒトに伯爵を殺してくれるよう頼む。そして、2人が決闘しようとしたとき、彼女は伯爵を傷つけたら許さないと叫んでしまう。わざと敗北し瀕死のルプレヒトに彼女は愛を告白するが、結局彼女は修道院へと入る。

悪魔は、残されたルプレヒトに修道院を見に行ってみようと誘う。そこでは、レナータの到着以後、悪魔が憑いて修道女たちが狂い始めており、異端審問官はレナータを魔女として火焙りを宣告する。そして、悪魔と修道女たちの乱交の中、物語は終わる。

プロコフィエフの問題作

炎の天使

- ロシアの作家ヴァレリー・ブリューソフの小説。
- 発表当時大変物議をかもした。
- 日本語訳は存在しない。

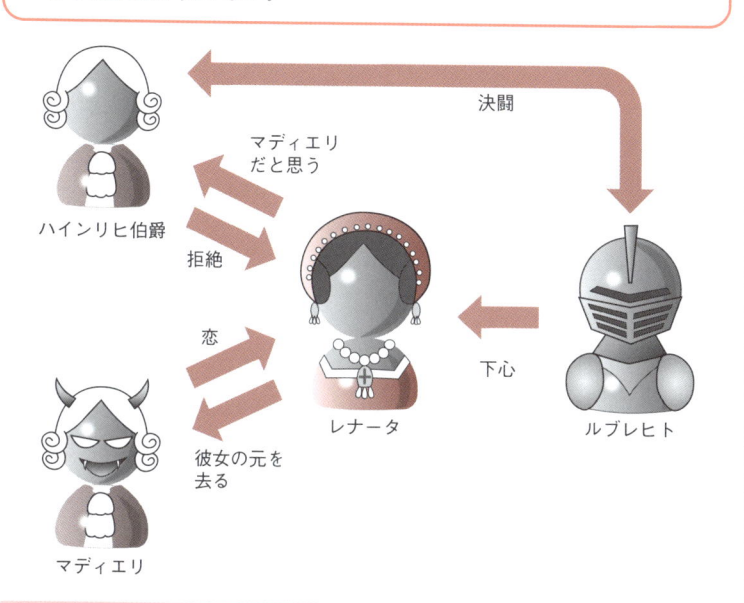

```
ハインリヒ伯爵 ←―決闘――― ルブレヒト
       ⇄ マディエリだと思う/拒絶  ↓ 下心
              レナータ
       ⇄ 恋/彼女の元を去る
       マディエリ
```

❖ 現代でも問題になりそうなオペラの演出

　小説のほうは、物議をかもしたと言っても、所詮は19世紀の小説なので、具体的な描写などはない。そうだと書いてあるだけだ。
　だがオペラの『炎の天使』では、裸（に見える衣装）のバレリーナたちが、狂気の踊りを舞うという、なかなか強烈なクライマックスを迎える。1920年代に、このようなオペラを作ってしまったプロコフィエフのアバンギャルドさは、かなりのものだ。
　このような内容なので、このオペラが日本で上演されることはまずありえない。同じ作曲家の『ロミオとジュリエット』ならばしばしば上演されるのに、この差は極端なほどだ。

『マッチ売りの少女』

Den lille Pige med Svovlstikkerne

童話の中で、小さな炎がこれほど温かく描かれているものはないし、これほど切なく描かれているものもない。

●誤解されているマッチ売りの少女

　デンマークの童話作家、ハンス・クリスチャン・アンデルセンの童話。

　主人公の少女の家は貧困家庭で、母親はいないらしい。父親は、小さな娘にマッチを売らせているが、自分が働いているのかどうかは判らない。判っているのは、マッチを売らないと、娘を殴ることだけだ。

　彼女は、大晦日の日（多くの人は、クリスマスの夜のことだと誤解しているようだが、原作にはきちんと今年最後の夜と明記されている）に、一日中マッチを売っていた。

　彼女は靴も無かった。朝には履いていたが、猛スピードの馬車を避けるときに脱げて無くしてしまった。何故こんなことになったかというと、靴は元々は母親のもので、少女には大きすぎたからだ。そして、そのような靴を履くことになったということから、少女の母親が最近死んだか逃げ出したかして、居なくなったことを暗示している。後に、少女が祖母の姿を夢見るところで、母親は少女を愛さなかったことが判る。ということから、母親は逃げ出した可能性が高いことが予想される。

　少女にとって、マッチの火は、この世の幸せの象徴である。というのは、凍える少女にとって、暖かさこそ最も求めるものだっただろうから。そして、1たばのそのマッチを一度に擦ることで、彼女の祖母は実体化し、彼女を天国へと誘う。

　アンデルセンは、少女は微笑を浮かべて天国へと上っていったとし、そのことは他の人には判らなかったとした。つまり、少女は幸せであったのに、他の人はそれが理解できずに同情したという解釈で物語を書いている。

　その意味では、この物語を読んで、「ああ可哀想に」と感じる読者は、もしかしたら間違っているのかもしれない。

幸せの炎を得る話

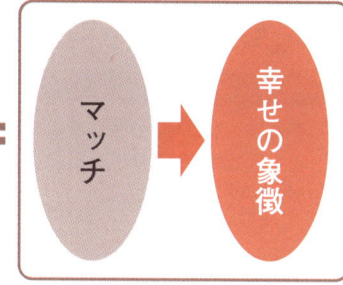

マッチを擦る → 暖かさを得る ＝ マッチ → 幸せの象徴

◀1848年に発行されたオリジナル版に入っていた、ヴィルヘルム・ペーダーセンの挿絵。

♣ 忘れられていたアンデルセン

　アンデルセンは1875年に死亡するが、このときの葬儀にはデンマークの皇太子や各国大使なども参列する大規模なものになった。

　だが、その後だんだんと忘れられ、1920年頃には、博物館となっていた彼の生家も整備されないまま放置され、墓も荒れ放題だった。

　1924年に当地を訪れた児童文学者久留島武彦が、これを嘆き、新聞に書き、またデンマーク国内を講演するなど、アンデルセンの復権を訴えた。

　これによって、再びアンデルセンは注目され、生家や墓も整備されるようになった。

　また、久留島はデンマークの人々から「日本のアンデルセン」と呼ばれるようになった。「日本の○○」は、ほとんどが元の「○○」とは関係ないまがい物であることが多い中、久留島の「日本のアンデルセン」だけは、本物と言えよう。

No.097
火の国

熊本県は、火の国と言うが、本当なのだろうか。実際の国名を見てみると、熊本は肥後国である。

●火に縁のある国

　熊本県は、火の国として知られている。阿蘇山という、わが国有数（外輪山の大きさでは、日本最大）の活火山を持っているから、そのようなイメージがある。

　戦隊ものの元祖、『秘密戦隊ゴレンジャー』でも、熊本出身のキレンジャーは、「おいどんは阿蘇山たい。怒ればでっかい噴火山たい！」という台詞を言っている（ちなみに、戦隊ヒーローの黄色はカレー好きというイメージがあるが、それはキレンジャーがカレー好きだったから。他の黄色のヒーローは、特にカレーが好きというわけではない）。

　だが、これは、単なる誤解である。熊本県を漢字で書けば、火の国ではなく、肥の国である。土地が豊かで、人々が良く肥えているからだという。

　ただし、火の国という伝もある。

　『風土記拾遺肥後国』によれば、崇神天皇の代に、打猿（うちさる）・頸猿（うなさる）という2人の土蜘蛛（つちぐも）（古墳時代、九州に住んでいたとされる異民族）がいた。彼らが、益城郡（きぐん）の朝来名（あさくな）の峰にこもって、天皇に逆らったので、健緒組（たけおくみ）が勅（みことのり）を受けてこれを打ち払った。その後、その地を巡察していると、天から火が降って、八代郡の白髪岳に降り立った。これを見た健緒組が天皇に奏上すると、天皇は「賊徒を切り払ってもはや西の憂いはない。海上での勲功は誰に比較しようもないほどである。また、火が下って山に燃えてきたというのは不思議である。火の下った国であるから火の国と名付けるがよい」と発言した。このため、火の国と名前がついたともいう。

　また、景行天皇が**不知火**（しらぬい）を見て、火の国と名付けたという話もある。さらに、熊本県の氷川で、良い火打石が採取できたから火の国と言うという説もあり、いずれが本当かは、定かではない。

　ただ、阿蘇山とは関係ないことは確かなようだ。

熊本は肥の国

```
         熊本県
    ↙  ↓   ↓   ↘
不知火が出たので   白髪岳に天から
火の国           火が降ったので
                火の国
人がよく肥えて   良い火打石が採れた
いるので肥の国   ので火の国
```

熊本の各地

氷川
昔は、火の川と呼ばれた。この川では、昔から質の良い火打石が多く採れ、流域では盛んに火打石が作られていた。

阿蘇山
日本最大の外輪山を持つ活火山。この火山を火の国の名前の出典だと思っている人は多い。

不知火海
不知火海は、陸と島と半島とで囲まれた海域で、蜃気楼などが発生しやすい環境にある。

益城
現在の益城町は熊本市に隣接する田園・畑作地帯。熊本空港もここにある。朝来名の峰は、現在の朝来山のこと。

関連項目
● 不知火→No.070

No.098
太陽の脛当て

アメリカ先住民の神話に登場する脛当て。太陽が、月（太陽の妻）から貰ったとてもきれいな脛当て。

●太陽は、地上の全てを見ている

　アメリカ先住民の神話に登場するこの脛当ては、ヤマアラシの針に色をつけたもので飾られており、かつて無いほど美しかった。太陽は、天気のいい日には、必ずその脛当てを使った。

　太陽は、常に脛当てを身に着けていたし、毎夜西の果てにある自分の小屋で眠るときには、脛当てを枕代わりに使って、取られないように気をつけていた。というのも、そんな時代にも盗賊はいたからだ。

　そもそも、誰も太陽の小屋がどこにあるのか知らない。ここから西にあることしか判らないのだ。だが、盗賊だけはその場所を知っていた。そこで、小屋まで行って、太陽が眠るのを待って、脛当てを盗むことにした。

　最初は、熊人（熊の姿をした人間、静かに動くことができる）のように手とひざで歩いて忍び込んだが、ベッドのそばにあった枝にひざを乗せて、枝が音を立てて折れてしまった。その音に驚いて、逃げ出してしまった。

　だが、それでも脛当てが欲しかった男は、翌日の夜にもう1度忍び込んでまんまと脛当てを盗み、走って走って走って遥か東まで逃げ出した。

　そして、そろそろ十分逃げたと思った男は、疲れ切って眠りに就いた。

　だが、目覚めたとき、目の前に太陽はいた。びっくりして、男は脛当てを置いて逃げ出した。太陽は笑って、男を無視して脛当てをはいて西へと向かった。なぜなら、太陽は忙しいからだ。

　男は、悔しくて再び小屋へと忍び込み、脛当てを盗むと、前よりもさらに遠くへと逃げ出した。だが、再び目を覚ましたとき、太陽は男の目の前に居た。そして、逃げようとする男を引っつかんで、言った。

「おい、お前は腕のいい盗賊かもしれないが、太陽から逃げられるとでも思っているのか。お前は、世界全てが私の家であることを知らないのか」

　そう言って、太陽はそそくさと西へ向かった。

世界は全て太陽の家

太陽の脛当て

- ヤマアラシの針に色をつけたもので飾られている。
- 太陽が月（妻）からもらった。

①夜は、太陽は西の果てにある小屋で、眠っている。

②盗賊は、脛当てを盗み、東へと逃げた。

③十分逃げたと思った男が目を覚ますと太陽が目の前にいた。

④太陽は、脛当てを取り戻すと西へ向かった。

脛当てをはいた太陽が、西へ向かうのは、太陽が東から西へと空を移動することを表している。

朝になると太陽は、全てのものの上に輝く。だから、どこまで逃げても、盗賊は太陽の下にいることになる。

第3章 ●火の物語

No.099
ダーグダの大釜
Dagda's Cauldron

魔法の釜と言うと、現代の我々にはあまり格好良く見えない。だが古代の人にとって、釜は硬い食材を柔らかくする魔法の道具だったのだ。

●たくさんある魔法の釜

　ケルト神話に登場する魔法の大釜。他にも、ケルト神話には数々の大釜が登場する。

「ダーグダの大釜」はケルト神話の豊穣神ダーグダ（太ったおじさんの姿をした神）の持ち物で、ケルトの四大至宝の一つでもある。

「尽きざるもの」という別名があるように、中から食べ物が出てきて、しかも決して無くならない。

　さらに、この大釜に死者を放り込んで、火にくべると、生き返って出てくるという力さえあるという。

　同じように、死者を再生させるのが、『マビノギオン』に登場する「再生の大釜」だ。これは、死者を投げ込んで煮ると、翌日には元の姿で活動することができる。ただし、残念ながら生き返った死者は話すことができなくなる。この釜を持つのが、イウェルゾンの人々だった。

　こんなものを持つ軍隊と戦って、勝てるものはいない。そこで、敵方であった強者の島の1人は、イウェルゾンの死体にまぎれて隠れ、釜に投げ込まれた。そして、釜の中で手足を突っ張り、ついには中から釜を砕いてしまう。こうして、ようやく強者の島側は勝利することができた。

　これも、『マビノギオン』に登場するが、「ディウルナッハの大釜」というものもある。アルスル（アーサー王のこと）が、ディウルナッハという人物に、その釜をくれるように要求している。だが、断られてしまったので、召使に釜を担がせ、配下のスェンスェアウクに、ディウルナッハとその軍勢を皆殺しにさせたという。

　こう書くと、強盗と変わりないが、当時の倫理では、欲しいものを戦いによって手に入れることは、何ら恥ずかしくない、当然のことであったことを忘れてはならない。

色々な大釜

ケルト神話に登場する大釜

ダーグダの大釜
- ケルトの四大至宝の一つ。
- 中から食べ物が出てきて、決してなくならない。

再生の大釜
- 死者を投げ込んで煮ると、翌日には元の姿に戻る。
- 生き返った死者は話すことができない。

ディウルナッハの大釜
- アルスルがディウルナッハから奪った大釜。

ケルトの四大至宝

ダーグダの大釜
食べ物が無限に出てくる大釜。

ファールの石
運命の石ともいい、正しき王が戴冠するときに、石の上に立てば、人の声で叫び予言をする。

ルグの槍（ブリューナク）
投げると稲妻となり、敵を打ち倒す。先が五つに分かれ、それぞれから光が出てきて、一度に5人の敵を倒すという説もある。

ヌァザの剣（クラウ・ソラス）
銀の腕のヌァザ（右腕を失ったので医術の神に銀製の腕を取り付けてもらった）の剣で、鞘から抜くと光り輝いて、敵の目をくらます。

No.100
栄光の手
Hand of Glory

輝かしき名前を持つ、輝かしからざる魔法の品。栄光の手ほど、信じられ実際に作られた魔法の品は無いのではないだろうか。

●泥棒が最も欲しがる道具

　栄光の手は、文字通り人間の手を材料にして作った魔道具だ。

　絞首刑になった殺人犯の左手を、まだ絞首台にぶら下がっているうちに切り取る（月蝕の夜であれば、さらによいとされる）。もちろん、このとき、誰にも見つかってはならない。

　それを、白い布で包んで血を絞りだす。その後で、塩・トウガラシ・硝石を入れた陶器の入れ物に2週間漬ける。その後、天日で乾かしてでき上がりだ。天日は、シリウスが太陽と共に昇る8月の猛暑が良いとされる。さもなければ、クマツヅラ（香草の一種）と共に天日で乾かしても良い。

　この栄光の手の指の間に蝋燭を立てる。つまり、栄光の手とは死刑囚の手で作った蝋燭立てなのだ。この蝋燭も、死刑囚の脂肪で作った蝋と、死刑囚の髪で作った芯を使って作らなければならない。

　こうして蝋燭に火をつけると、人はその場で動けず声も出せなくなり、眠っているものは決して目を覚まさない。まさに泥棒のためにある呪物だ。

　もしも、火がつかなかった場合、家の中の誰かが目覚めていて、呪いにかかっていないことを意味する。この場合は、侵入は諦めたほうがいい。

　ちなみに、栄光の手に灯された火は、ミルクを垂らさない限り決して消すことはできないとされる。だから、不意に火が消えてしまって、家人が目覚めるなどという心配も無いのだ。

　後になると、栄光の手そのものを蝋に漬けて屍蝋のようにして、指先に直接火をつけるということも行われた。

　この二つが混同されて、指先を蝋燭立てのようにして、それぞれの指先に蝋燭を立てるという絵が描かれることがあるようだが、これは誤りなので、使わないほうが良いだろう。

　製造法がおどろおどろしい割に、こそ泥の道具でしかないのが情けない。

三つの栄光の手

栄光の手

- 絞首刑になった殺人犯の左手で作る。
- 火をつけると、人は動けなくなり、声も出せなくなる。眠っているものは決して目を覚まさない。
- ミルクを垂らさない限り決して火が消えない。

古い栄光の手

本来の栄光の手は、指の間に蝋燭を立てるものだった。つまり、死刑囚の手は燭台であり、この燭台に蝋燭を立てれば、何度でも使えるものだった。

後世の栄光の手

屍蝋にした手に直接火をつける。このようにすると、手は燃えてしまい、いずれなくなってしまう。このほうが、貴重な死刑囚の手を消費するので、より効果が高いと考えられたのだろう。

出自の怪しい栄光の手

現代では、それぞれの指先に蝋燭を立てる栄光の手が描かれることもある。しかし、これは20世紀に入ってから描かれだしたもので、上の二つの栄光の手をまぜこぜにして描かれたものらしい。

No.101
魔法のランプ
Magical lamp

子供から大人まで、『千一夜物語』の中の「アラジンと魔法のランプ」を知らない人はいないだろう。

●アラビアンナイトの１作品

『千一夜物語』は、元々はアラブの詩人たちによって語り継がれてきた口承文芸の集大成として編まれたものだ。その内容とは、いかなるものか。

妻に裏切られ、さらに弟や魔神ですら妻に裏切られているのを知って女に絶望したペルシャ王シャハリヤールは、毎夜新たな妻を求め、翌朝には殺すということを続けていた。ついには、国内に若い娘が居なくなってしまった。

大臣の娘シェヘラザードは、父に頼んで、自ら王の元へと赴いた。そして、妹のドニヤザードを呼びだした。妹は、打ち合わせ通り、姉に面白い話をしてくれるように頼んだ。ところが、その話は非常に面白く、さらにシェヘラザードは、明け方になると途中のいいところで話をやめてしまう。王は、続きを聞きたさに、シェヘラザードを殺すのをやめ、翌晩も話に聞き入る。

これを千と一夜続けて、ついには王も女を殺すのをやめシェヘラザードを妻に迎える。

これが『千一夜物語』の枠物語で、その中でシェヘラザードの語りとして、数多くの物語が語られる。「アラジンと魔法のランプ」もその一つである。

簡単に紹介すると、アラジンは、魔法使いの誘いに乗って、魔法のランプを手にする。魔法のランプには魔神が封印されており、ランプを擦ると現れ、擦ったものの願いを何でもかなえてくれる。これが、ランプの魔神だ。

実は、アラジンの話の中には、ランプの魔神以外に、指輪を擦ると現れる指輪の魔神も登場する。こちらも、願いをかなえてくれる魔神だ。

似たような魔神が２人登場して妙に思えるが、この二者には明確な区別があった。ランプの魔神は**イフリート**であるのに対し、指輪の魔神はジンなのだ。この場合、イフリートはジンより上位の魔神ということになり、ランプの魔神を持つ者のほうが、有利になる。ランプだけあって、封じられていたのは、炎の魔人と呼ばれるイフリートだったのだ。

ランプの精と指輪の精

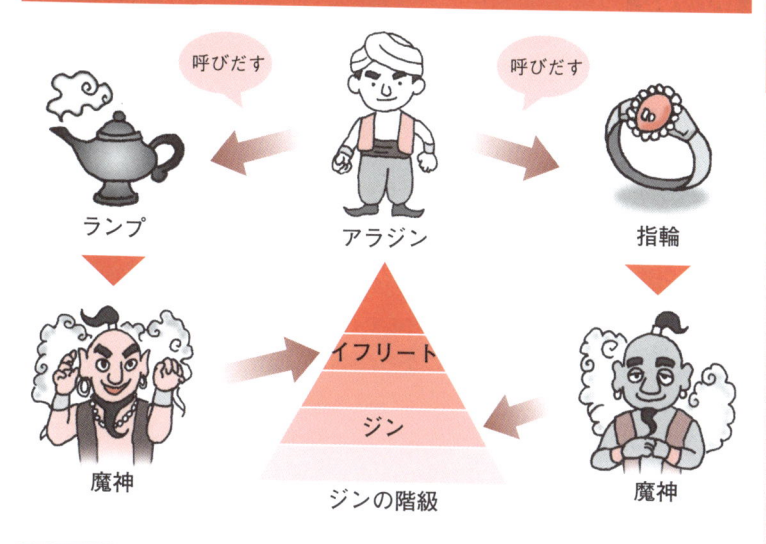

ランプ ← 呼びだす ― アラジン ― 呼びだす → 指輪

魔神 ← イフリート / ジン → 魔神

ジンの階級

❖ アラジンは本当に千一夜物語なのか？

『千一夜物語』をヨーロッパに紹介したのは、18世紀フランスの東洋学者アントワーヌ・ガランである。間違いではない。ヨーロッパ人にとって、トルコより向こうにある国は全て東洋なのだ。

さて、このガランに紹介された『千一夜物語』は面白かったので、ヨーロッパの人々に愛され、さらには日本でも翻訳されるようになった。

中でも、「アラジンと魔法のランプ」や「アリババと40人の盗賊」などは物語としても面白く、人気を博した。ところが、不思議なことに、当時アラブで流通していた『千一夜物語』には、アラジンもアリババも登場しない。ガランは、これはシリアで詩人の語りで聞いたと反論したが（語りなのだから）証拠もなく、もしかしたらガランの捏造ではないかとまで考えられていた。

後に、『千一夜物語』には数多くの異本があり、その中にはアラジンやアリババを含むものがあることが判った。

現在では、アラブでも、アラジンやアリババは、人々に広く知られるようになったという。

関連項目

●イフリート→No.003

No.102
花火
Fireworks

夏の夜を彩る絢爛たる打ち上げ花火から、手に小さな線香花火まで、様々な花火が、我々の目を楽しませてくれている。

●日本人が改良した花火

　古代中国で火薬が発明された直後から、狼煙(のろし)として連絡用に火薬が使われるようになった。この狼煙が、花火の祖先と言われる。

　花火が観賞用に使われるようになったのは、13世紀イタリアと言われる。王侯貴族の庭で、珍しいものとして打ち上げ花火が使われるようになった。当時の花火は、色のついた煙玉のようなものだったらしい。

　日本では、戦国時代後期に鉄砲伝来と相前後して伝わった。16世紀中頃にも伊達政宗が見たとか、イエズス会士が花火をしたとかいう記録があるが、確実なのは1613年8月6日に徳川家康が江戸城内で見たのが最初である。ただし当時の花火は、打ち上げ花火ではなく、噴水花火であったという。打ち上げ花火は、18世紀江戸時代も後半になってからのことだ。1614年には、既に江戸で線香花火を売る物売りの姿が見られたとも言われている。

　江戸時代後期、最も有名だったのが、鍵屋とそこからのれんわけをした玉屋という花火職人である。最初は、手持ち花火を売り出したが、後には仕掛け花火も手がける大店になった。両国川開きのときに、この両家が花火を上げたので、江戸の人々は、この両家を応援して声を出した。きれいな花火が打ち上がると「玉屋〜、鍵屋〜」と声をかけるのは、このためである。その後、玉屋は失火によって江戸払いとなり1代で消滅するが、鍵屋は打ち上げ専業の花火師として現在でも存続している。

　明治になって、塩素酸カリウムのような様々な金属塩が輸入されるようになり、花火に色が付けられるようになった。これを、洋火と言う。

　日本の花火は、花火自体の美しさを見せるものだ。これに対し西洋の花火はタイミングよく炎を発することによる全体の整合性を目指したものだ。この両者は目標が異なるので、どちらが優れているとは言えない。ただ、現在では、色鮮やかで、しかもタイミングよく光る花火が目指されている。

花火の構造と歴史

割　薬（わりやく）
花火の星を空中に広げるための火薬。割薬が中心にあるものは、丸く広がる花火になる。

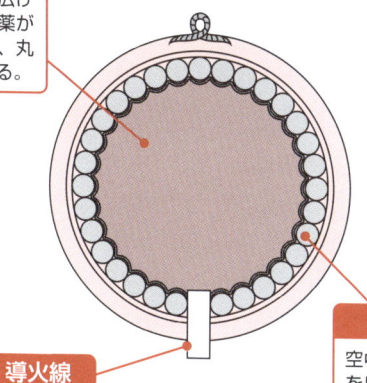

導火線

星
空中で燃えてキレイな色を出す部分。江戸時代には、白〜橙くらいの炎の色しかなかった。

戦国時代後期	日本に花火が伝わる。
江戸時代初期	江戸城内で徳川家康が花火を鑑賞。 江戸で線香花火を売る物売りの姿が見られた。
江戸時代後期	鍵屋と玉屋が両国川開きに花火を打ち上げる。 玉屋は失火により1代で消滅。
明治時代	金属塩が輸入されるようになって、炎に様々な色をつけることができるようになった。

関連項目
●火と科学→No.054

No.103
ロケット
Rochet

ロケットの打ち上げは、その圧力というほどの音とともに、人の心を大きく揺さぶるものがある。

●人類の作った最高速の乗り物

　人類が作った最も派手な炎がロケットなのは、多くの人々に同意してもらえるだろう。炎の規模だけならもっと大きなものもあるが、それが宇宙空間まで飛んでいくということを含めれば、他に類を見ないものだ。

　正確な用語では、我々が通常ロケットと呼ぶ細長い機体は、ローンチ・ヴィークルと言い、ロケットとはそこに入っているロケットエンジンのことを言う。けれど、そこまで厳密な区別をしている人は少数だ。

　ロケットエンジンとジェットエンジンの違いは、酸素にある。外から空気（酸素）を取り込んで、燃料を燃やして噴射するのがジェットエンジン。それと違って、ロケットエンジンは、燃料に加えて酸素も自前のタンクに積んで（酸素以外の酸化剤の場合もある）、それらを燃やして噴出する。

　ジェットだと、空気の存在しない宇宙空間では燃料を燃やすことができないが、ロケットならば噴射を継続することができる。このため、宇宙空間に何かを打ち上げる場合、必ずロケットエンジンを使用する必要がある。

　もちろん、酸素の分だけより大きなタンクが必要となり、搭載するもの（宇宙飛行士とか人工衛星とか）の重量が減っていくのだが、他に手段が無いのだから仕方が無い。このため、燃料と酸素で、ロケットの総重量の80％ほども占めてしまうほどだ。

　車で例えるなら、1トンの車のうち、800kgが燃料で、車体と乗員合わせて200kgほどしかない。人間が2人（130kg）乗ったら、残りはエンジンを含めても70kgほど、自転車のようなヒョロヒョロした車体に馬鹿でかいエンジンを載せて、猛スピードで吹っ飛ばしているようなものだ。いかに、無理やり飛ばしているのかが判ってもらえるだろうか。

　それでも、そんな乗り物に乗って、宇宙飛行士たちは宇宙へと出て行く。彼らの勇気を素直に讃えたいものだ。

ジェットとロケット

ロケット ➡ 人類が作った最も派手な炎

ジェットエンジン

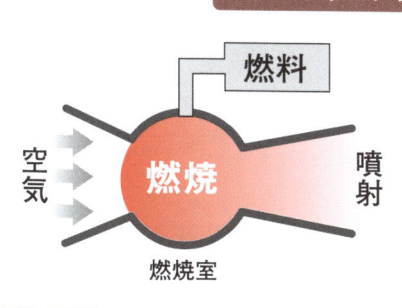

- 空気を取り込んで、その中の酸素を使って燃焼を起こす。
- 酸素タンクが必要ない分だけ軽くできるが、空気のない宇宙空間では役に立たない。

（図：空気 → 燃焼室（燃焼）← 燃料、噴射）

ロケットエンジン

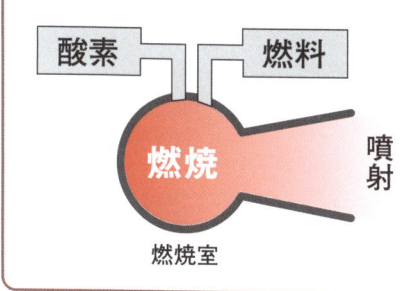

- 燃焼室に、酸素タンクから酸素、燃料タンクから燃料を送り込んで燃焼を起こす。
- 酸素タンクの分だけ重くなるが、空気のない宇宙空間でも使用できる。

（図：酸素・燃料 → 燃焼室（燃焼）→ 噴射）

❖ 本当の宇宙大国

　宇宙大国と言えば、アメリカと思う人が多いだろうが、実はロケットの打ち上げ数で言うと、ロシアはアメリカの2倍以上の打ち上げ実績を誇る。
　さらに、成功率でも、アメリカは93％で3位なのにロシアは96％で1位である。他には、2位はヨーロッパ共同体であり、4位中国、5位日本という順序になっている。ここまでが成功率90％以上の第一グループ、6位以下は成功率が70％を切る。

索引

あ

アータル	16
愛染明王	90
青行燈	196
秋葉神社	174
秋葉大権現	174
アグニ	46
アスクレピオス	74
愛宕神社	176
愛当護大権現	176
アチャラナータ	88
アテナ神殿	160
アテン	58
アトゥム	56
アトン	58
アフラ・マズダー	62
アポロン	34
天照大神	44
天宇受売	44
天手力男命	44
アメン	56
アメン・ラー	56
アメンホテプ4世	58
アモン	64
アルケー	108
アルゲス	74
アンラ・マンユ	62
イグニス	46
伊邪那岐	42
伊邪那美	42
稲むらの火	194
命の蝋燭	193
イブリース	190
イフリート	12
インヴォルグ	36
インティ	52
インティライミ	52
ヴァルカン	70
ウェスタ	72
ヴォルケイノ	70
ウルカヌス	70
栄光の手	210
エオス	54
エンペドクレス	108
大いなる火	184
奥津日子神	84
奥津比売神	84
送り火	168
お七火事	92
鬼火	26
思金神	44
女髪の火	156

か

火焔山	188
火浣布	30
鍵屋	214
迦具土	42
火車	28
カストル	154
火鼠	30
カマ男	84
カマジン	84
竈神（かまどがみ）	84
カライ	185
カルシファー	102
臈疏	24
ガンダルフ	94
キ・ドゥ	76
狐の提灯	152
狐の嫁入り	152
狐火	152
キュクロプス	74
敬愛法	164
錐火きり	107

探湯	172
ククルカン	50
クトゥグァ	98
クリュティエ	54
ケツアルコアトル	50
ケペリ	56
ケルベロス	76
竈神（こうじん）	84
降伏法	164
五行	112
五大	114
護摩	164
護摩壇	164
五輪塔	114
コロナ放電	154

さ

サイクロプス	74
再生の大釜	208
柴燈護摩	164
ザラシュトラ	62
サラマンダー	8、10
三尺坊大権現	174
ジェットエンジン	216
四大元素	108
シャイターン	190
鰯	24
祝融	80
精霊流し	166
精霊迎え	168
不知火	150
ジン	12
人体発火現象	158
スヴァログ	40
スヴァロジチ	40
犂火きり	107
スキュラ	76
朱雀	22
ステロペス	74
スルト	60

聖エラスムス	154
聖火	162
静電気	156
聖ブリギット	36
セント・エルモの火	154
増益法	164
相生相克	112
息災法	164
ゾリャー・ヴェチェルニャヤ	40
ゾリャー・ウトレニャヤ	40
ゾロアスター教	62

た

ダーグダの大釜	208
ダージボグ	40
大日如来	86
大文字送り火	168
太陽の脛当て	206
打撃法	107
建速須佐之男命	44
建御雷之男神	42
ダフネ	34
玉屋	214
丁香	82
張単	82
竈神（ツァオシェン）	82
ツァラトゥストラ	62
月読命	44
ディウルナッハの大釜	208
テスカトリポカ	50
デッスラ	138
天和の大火	92
ドラゴン	18

な

ネロ	180
燃焼	116

は

拝火教	62

芭蕉扇	188	振袖火事	178
八熱地獄	186	フリッグ	38
魃	32	プロメテウス	78
妭	32	ブロンテス	74
花火	214	ブンバ	144
バハムート	120	ヘスティア	72
パラケルスス	10	ヘパイストス	70
バルドル	38	ベヒモス	120
バルログ	96	ヘラクレイトス	110
パンタ・レイ	110	ヘリオス	54
パンドラ	78	ヘルハウンド	76
万物は火なり	110	ペレ	68
火打石	107	ヘレナ	154
火男	84	ヘロン	160
畢方	24	ポイボス	54
人魂	26	鳳凰	22
ヒヌカン	85	ホーマ	164
火鼠の裘	30	『牡丹灯籠』	198
火之炫毘古神	42	炎の精	98
火之迦具土神	42	『炎の天使』	200
火神軻遇突智	42	火産霊	42
火の国	204	ボリアフ	68
火の鳥	100	ポルックス	154
火之夜藝速男神	42		
火伏	174	**ま**	
百物語	196	マータリシュヴァン	134
ヒュアキントス	34	マイトレーヤ	48
ヒュペリオン	54	マウイ	140
ビラコチャ	52	摩訶毘盧遮那如来	86
火渡り	170	摩擦法	107
ファイアー・サラマンダー	8	馬祖火	154
ファイアーボール	118	『マッチ売りの少女』	202
フェニックス	20	マハー・ヴァイローチャナ	86
不死鳥	20	マフーイカ	140
不尽木	30	魔法のランプ	212
物体X犬	76	ミカエル	66
不動尊	88	ミスラ	48
不動明王	88	ミトラ	48
布刀玉命	44	弥勒菩薩	48
ブリギット	36	民鳥	24

迎え火	168
ムスッペル	60
明暦の大火	178
メーシャツ	40

や

八百屋お七	92
山津見神	42
ヤラファト	138
指輪の魔神	212
『妖精の書』	10

ら

ラー	56
ラーガラージャ	90
ラグナロック	60
ランプの魔神	212
鷭	24
レウコトエ	54
レー	56
レーヴァティン	60
蝋燭化現象	158
ローカパーラ	46
ローマ大火	180
ロケット	216
ロケットエンジン	216
ロゴス	110
ロンドン大火	182

参考文献・資料一覧

『A Dictionary of Angels including the fallen angels』Gustav Davidson 著　The Free Press
『Dictionaire Infernal』J.Collin de Plancy 著　Slatkine Reprints
『Magic in Ancient Egypt』Geraldine Pinch 著　University of Texas Press
『Myths of the Origin of Fire』J.G.Frazer 著　Barnes & Noble Books
『The Complete Gods and Goddesses of Ancient Egypt』Richard H. Wilkinson 著　Thames & Hudson

『悪魔の事典』フレッド・ゲティングズ 著　大瀧啓裕 訳　青土社
『イスラム幻想世界　怪物・英雄・魔術の物語』桂令夫 著　新紀元社
『インド神話伝説辞典』菅沼晃 編　東京堂出版
『インドの神々』斎藤昭俊 著　吉川弘文館
『ヴィジュアル版世界の神話百科アメリカ編　ネイティブ・アメリカン／マヤ・アステカ／インカ』
　　　　　　D.M. ジョーンズ、B.L. モリノー 著　蔵持不三也、井関睦美、田里千代 訳　原書房
『英国史』アンドレ・モロワ 著　水野成夫、小林正 訳　新潮社
『大いなる語り』毬藻充 訳　松籟社
『オセアニア神話』ロズリン・ポイニャント 著　豊田由貴夫 訳　青土社
『陰陽道の本』学習研究社
『ギリシア・ローマ神話事典』マイケル・グラント、ジョン・ヘイゼル 著　西田実他 訳　大修館書店
『ギリシア・ローマ神話辞典』高津春繁 著　岩波書店
『コーラン』(上中下)　井筒俊彦 訳　岩波書店
『古事記』倉野憲司 校注　岩波書店
『古代悪魔学　サタンと闘争神話』ニール・フォーサイス 著　野呂有子他 著　法政大学出版局
『地獄の辞典』コラン・ド・プランシー 著　床鍋剛彦 訳　講談社
『修験道・実践宗教の世界』久保田展弘 著　新潮社
『修験道の本』学習研究社
『須弥山と極楽　仏教の宇宙観』定方晟 著　講談社
『不知火・人魂・狐火』神田左京 著　中央公論新社
『図解近代魔術』羽仁礼 著　新紀元社
『図画百鬼夜行全画集』鳥山石燕 著　角川書店
『世界史年表』亀井高孝、三上次男、林健太郎 著　吉川弘文館
『世界宗教事典』村上重良 著　講談社
『山海経』高馬三良 訳　平凡社
『全国神社大要覧』リッチマインド
『創造神話の事典』D. リーミング、M. リーミング 著　松浦俊輔 訳　青土社
『ゾロアスターの神秘思想』岡田明憲 著　講談社
『タオの神々』真野隆也 著　新紀元社
『トールキン指輪物語事典』デビッド・デイ 著　ピーター・ミルワード 監修　仁保真佐子 訳　原書房
『南島の神話』後藤明 著　中央公論新社
『日本架空伝承人名事典』大隅和雄他 編　平凡社
『日本書紀』坂本太郎他 校注　岩波書店
『日本史を変えた大事件100　どのように時代を変革していったか!?』新人物往来社
『新・日本神社100選』臼田甚五郎 監修　秋田書店
『日本神話事典』大林太良、吉田敦彦 監修　大和書房
『日本の神仏の辞典』大島建彦他 編　大修館書店
『日本の民俗宗教』宮家準 著　講談社

『日本古典文学全集　日本霊異記』中田祝夫 訳　小学館
『ニュージーランド神話　マオリの伝承世界』アントニー・アルパーズ 著　井上英明 訳　青土社
『ネロ』秀村欣二 著　中央公論社
『ハワイ・南太平洋の神話　海と太陽、そして虹のメッセージ』後藤明 著　中央公論社
『火の起原の神話』J.G. フレーザー 著　青江舜二郎 訳　角川書店
『風土記』吉野裕 訳　平凡社
『星三百六十五夜　春』野尻抱影 著　中央公論新社
『幻獣ドラゴン』苑崎透 著　新紀元社
『マヤ・アステカ神話宗教事典』メアリ・ミラー、カール・タウベ 編　増田義郎、武井摩利 訳　東洋書林
『密教の本』学習研究社
『民間信仰辞典』桜井徳太郎 著　東京堂出版
『山伏　入峰・修行・呪法』和歌森太郎 著　中央公論社
『リグ・ヴェーダ讃歌』辻直四郎 訳　岩波書店

F-Files No.013

図解　火の神と精霊

2008年4月8日　初版発行

著者	山北　篤（やまきた　あつし）
編集	株式会社新紀元社編集部
デザイン	スペースワイ
デザイン・DTP	株式会社明昌堂
	渋谷ちづる
カバーイラスト	諏訪原寛幸
イラスト	渋谷ちづる
	福地貴子
発行者	大貫尚雄
発行所	株式会社新紀元社
	〒101-0054　東京都千代田区神田錦町3-19
	楠本第3ビル4F
	TEL：03-3291-0961
	FAX：03-3291-0963
	http://www.shinkigensha.co.jp/
	郵便振替　00110-4-27618
印刷・製本	東京書籍印刷株式会社

ISBN978-4-7753-0544-7
定価はカバーに表示してあります。
Printed in Japan